MÉLISSANDRE LEMONNIER

MES PETITES
Routines

Se reconnecter à son ÉNERGIE FÉMININE

MARABOUT

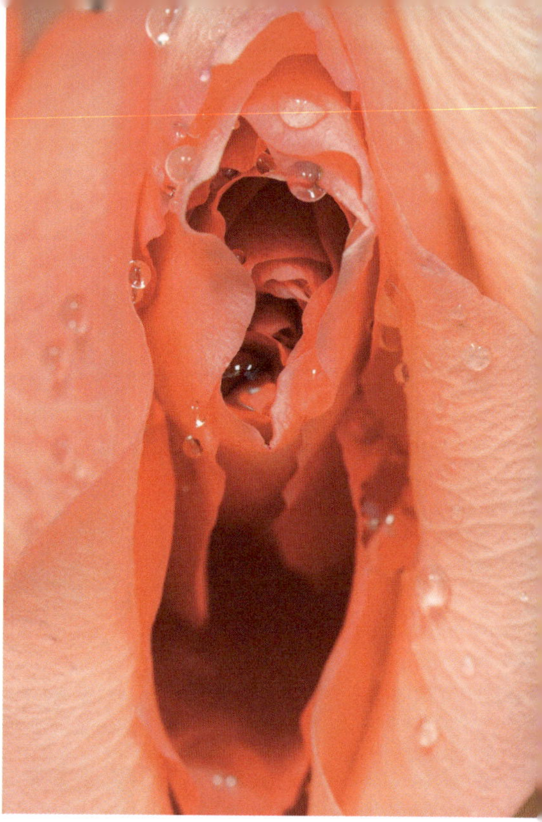

SOMMAIRE

Semaine 3
REDÉCOUVREZ **VOTRE DIMENSION SACRÉE**

Semaine 4
INCARNEZ PLEINEMENT **LE CANAL QUE VOUS ÊTES**

Et maintenant ?

Avant-propos

Bienvenue à toi ! Dans ce livre, je nous invite à explorer, à expérimenter. Je m'inclus, car se connecter à son féminin sacré n'est pas une destination à mon sens. C'est un voyage. Ce n'est pas parce que j'écris un livre que je connais tout, et que je suis arrivée à destination, loin de là. Je continue d'expérimenter, de vivre à l'écoute de mes vérités profondes.
Ce livre est loin d'être exhaustif et de se suffire à lui-même pour évoquer le féminin sacré*. Je n'évoque pas la ménopause par exemple, non par rejet, mais bien parce que je ne me sens pas légitime à partager ce que je n'ai pas moi-même expérimenté.

Je vous propose des pistes d'exploration, en partant du corps, de ce corps que nous habitons chaque jour, pour l'incarner pleinement et être gardienne de ce Féminin.
Ce ne sont pas des injonctions – nous en avons suffisamment ! Ce sont des invitations ; aussi, sentez-vous libre de les adapter en fonction de vos envies et de vos ressentis, libre de ne pas tout expérimenter si vous ne vous sentez pas à l'aise ; libre d'aller à votre rythme. Tout est toujours juste. Piochez-y ce qui vous appelle et résonne juste pour vous. Laissez le reste. Je vous demande de ne pas me croire, et d'expérimenter par vous-même. C'est donc en toute humilité que je dépose ces invitations comme autant de petites graines sur votre terre fertile. À vous de ressentir celles que vous souhaitez arroser, nourrir et voir grandir.

J'ai rêvé ce livre inclusif et intersectionnel, mais j'admets avec beaucoup d'humilité qu'il est à l'image de là où j'en suis lorsque je l'écris, avec tous mes privilèges, mes limites. Il est une invitation, pour vous autant que pour moi-même, à nous éduquer, nous interroger sur nos pratiques, sur ce qui est juste et a du sens pour nous, à nous mettre à l'écoute des femmes et des personnes opprimées, des minorités invisibles. Pour que le féminin sacré ne soit pas une pratique réservée aux femmes cisgenres non racisées mais qu'il permette d'incarner la diversité de nos corps, de nos histoires, de nos oppressions, dont nous nous libérons ensemble ; en écoutant, en étant présentes, grandes, fières, debout, alignées.

Beau voyage,
Mélissandre

* Le cahier *Féminin sacré, réveillez la déesse qui sommeille en vous*, dans la collection Zéro Blabla est un bon complément à celui-ci.

Avant-propos

8 RAISONS DE SE CONNECTER À SON FÉMININ SACRÉ

1

Nous sentir souveraines

Cessons de rechercher une approbation extérieure et offrons-la-nous pour nous sentir solide, grande, souveraine en notre royaume. Nous nous réapproprions notre puissance et cessons de la céder en des mains extérieures.

2

Nous sentir puissantes et libres

Se connecter à son féminin sacré, c'est explorer une source infinie de sagesse et de puissance et découvrir que cette source nous libère des peurs et des injonctions.

3

Nous sentir gardiennes

Lâchons les armes, reconnaissons notre responsabilité et réapproprions-nous la puissance de nos choix. Abandonnons la posture de guerrière pour incarner celle, plus solide et en paix, de la gardienne.

4

Nous sentir sacrées

Eh oui ! Reconnectons-nous à la dimension sacrée que nous incarnons, femmes, gardiennes du Féminin. Nous sommes sacrées !

5

Nous sentir sœurs

En retrouvant une paix intérieure, nous devenons plus empathiques. Notre cœur s'ouvre en acceptant notre vulnérabilité et en reconnaissant celle des autres. Nous cessons les jugements et nourrissons ce formidable élan de sororité.

6

Occuper notre place

Prendre notre place, sans lutte, et sans attendre qu'on nous la donne. Parce que le monde a besoin de femmes gardiennes du Féminin, solides, debout qui occupent l'espace privé et public.

7

Nourrir un nouveau paradigme

L'Ancien Monde est à bout de souffle, il est en pleine déstructuration. Le féminin sacré participe de la création du nouveau paradigme. Nous en sommes les tisseuses, les guides, les initiatrices !

8

Libérer nos lignées

Se connecter à son Féminin relève de la guérison personnelle ET collective. Nous guérir de nos blessures, c'est aussi libérer nos lignées passées et celles à venir. Pour nous, pour nos ancêtres, pour nos enfants. Pour le monde.

RÉÉQUILIBREZ VOS ÉNERGIES FÉMININE ET MASCULINE

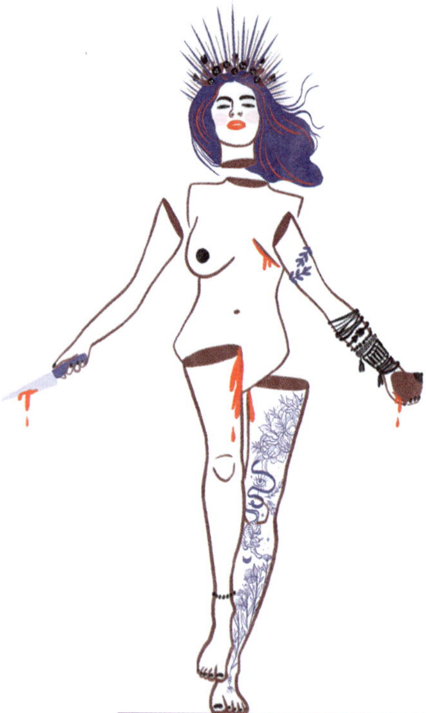

Le féminin sacré, c'est se reconnecter à notre énergie féminine. Chaque être humain – femme, personne non binaire, homme… – porte en lui un mélange des énergies féminine et masculine. Pour mieux se les représenter, imaginez le yin et le yang. Le yin porte en lui du yang et le yang porte en lui du yin ; ils sont complémentaires et essentiels l'un pour l'autre. Les deux énergies « s'alchimisent » pour créer. Nous avons donc besoin de ces deux énergies pour nous incarner pleinement.

FÉMININ	MASCULIN
Réceptivité (attention, pas la passivité)	Activité/passage à l'action
Guidance, spiritualité	Protection
Intuition	Raison, logique, intellect
Sagesse	Audace
Force intérieure	Force extérieure
Amour inconditionnel, compassion	
Création, nourricier	Soutien, pose un cadre
Sensibilité, empathie, bienveillance	Sécurité physique et émotionnelle
Beauté, harmonie, paix, guérison	
Douceur, sensualité	Force douce, vigueur
Intériorité, écoute	
Coopération, entraide	
Monde subtil/invisible	Monde tangible/visible
Cyclique	Linéaire
Associé à la Lune et à la Terre	Associé au Soleil et au Ciel
Guide dans l'amour et la bienveillance	Protège et aide ; ancre dans la matière (sans chercher à diriger, contrôler, détruire)

Se reconnecter à son féminin sacré, une nécessité

Dans la société patriarcale, l'énergie masculine prédomine dans ce qu'elle a de plus sombre (contrôle, domination, force...). Il est nécessaire de redonner du poids dans la balance à l'énergie féminine afin de les harmoniser en soi, et de rétablir l'équilibre dans le monde.

-1-

Nous reconnecter à notre féminin sacré, c'est nous reconnaître dans notre dimension divine, loin des approches religieuses. C'est une approche spirituelle qui nous invite à faire notre propre expérience plutôt que de croire en celle des autres.

-2-

Nous reconnecter à notre énergie féminine, ce n'est pas nous réduire, bien au contraire. Incarner notre féminin nous permet d'être, grandes, souveraines et de faire la paix avec notre énergie masculine et le masculin dans le monde. C'est aussi faire l'expérience par notre corps, notre incarnation dans la matière.

-3-

Parler d'énergie féminine, ce n'est pas parler des femmes. Même si j'ai la croyance qu'à l'échelle de la société, les femmes sont les gardiennes du féminin sacré, et les hommes gardiens du masculin sacré. Pour autant, femmes, hommes, non-binaires portent un mélange subtil de ces deux énergies. C'est bien cela qu'il est nécessaire de comprendre.

-4-

Nous reconnecter à notre Féminin ne signifie pas renier notre masculin. L'énergie féminine nous permet de nous connecter à nos vérités profondes et de créer une idée dans le monde subtil. L'énergie masculine de poser les actions justes, au plus près de cette vérité, pour ancrer cette idée dans la matière et l'incarner dans le monde physique.
Par exemple, « j'ai envie de dessiner » (énergie féminine) ; « je vais acheter le matériel nécessaire pour dessiner et je dessine » (énergie masculine).

Introduction

LES DÉRIVES DU FÉMININ SACRÉ ET DE LA SPIRITUALITÉ

À vouloir s'ouvrir au féminin sacré et à la spiritualité en général, nous nous y perdons parfois. Par exemple, avec l'engouement pour la lithothérapie, nous achetons des pierres semi-précieuses, venues d'on ne sait où et dans quelles conditions… La tentation est grande de tester, de pratiquer avec les repères que l'on trouve autour de nous, qui sont bien souvent issus d'autres cultures que la nôtre. Dans cette exploration, je nous invite, moi y compris, à rester vigilantes, et à toujours nous poser la question : « Est-ce juste pour moi ? Est-ce que ça a du sens pour moi ? Suis-je en train de reproduire quelque chose simplement pour " faire " pareil ? » Ces réflexions nous aideront à pratiquer dans le respect du vivant, tout en étant en adéquation avec nos valeurs.

Questionnons nos pratiques : l'exemple de la fumigation

La fumigation est une méthode de purification qui consiste à brûler une plante pour nettoyer les énergies d'un espace, d'une personne ou d'un objet. Avec l'envol du féminin sacré et de la spiritualité au sens large, sont arrivés les *smudges sticks* – ces bâtons de plantes à brûler. Ils ont un impact négatif sur les peuples indigènes dont c'est la tradition car ils sont utilisés de manière décontextualisée. Ils participent donc à l'appropriation culturelle. Ces pratiques ont contribué à l'essor de la sauge blanche amérindienne ou encore du bois de palo santo. La forte demande a conduit à des cultures entièrement dédiées à leurs productions, entraînant ainsi déforestation et non-respect du vivant. Ce qui est plutôt contraire aux intentions que l'on nourrit en se connectant à la spiritualité.
Alors revenons au local et à nos terres indigènes ! Nos plantes autochtones peuvent elles aussi être utilisées en fumigation. Quelques exemples ? Le romarin pour les nouveaux départs ; la lavande pour ses propriétés calmantes et apaisantes ; ou encore la rose sauvage pour se relier à l'amour.

ZOOM sur

L'APPROPRIATION CULTURELLE

L'appropriation culturelle désigne la récupération d'une autre culture que la nôtre et qui s'inscrit dans un contexte de domination et d'exploitation capitaliste. Concrètement, cela peut revêtir de multiples formes : des musées occidentaux remplis d'objets issus d'autres pays, les déguisements ou les accessoires de mode amérindiens... Pour cet exemple, les costumes, coiffes et motifs sont porteurs de significations particulières et sacrées. Ici, ils sont décontextualisés et utilisés à des fins de divertissement. C'est d'autant plus cruel quand on sait que lorsque nous sommes non racisées, nous venons de lignées qui les ont dépossédées de leur culture et maltraités. Et c'est valable pour toutes les cultures.

Comment incarner et pratiquer notre spiritualité sans appropriation ?
Je n'ai pas les réponses, et je sais que c'est en nous questionnant – en commençant peut-être par la notion de « privilège » – et en en parlant autour de nous que nous pourrons transformer nos pratiques, pour qu'elles soient plus respectueuses de l'humain et de la Terre. Après tout, n'est-ce pas là même l'une des raisons pour lesquelles nous sommes appelées par le féminin sacré ?

Voici quelques pistes pour honorer les enseignements que nous recevons :

- Citer à quelle culture on fait référence, et la personne qui nous a transmis ces enseignements.
- Envoyer de l'énergie – sous forme monétaire par exemple – pour soutenir la culture ou le peuple dont est issue la transmission (comme l'association *Medicine Wheel Ride* pour soutenir les femmes amérindiennes, qui alerte sur les meurtres et disparitions...)
- En parler directement avec la personne qui transmet un enseignement pour lui demander quelle est sa position sur l'appropriation culturelle.
- Vous avez d'autres idées ? Parlons-en, partageons, échangeons.

Introduction

RÉAPPROPRIEZ-VOUS VOTRE CORPS

Vous vous sentez rétrécie, vous avez appris à ne pas prendre trop de place, à rester discrète, à être polie, sage (sous-entendu invisible) ? Vous vous sentez dépossédée de votre corps ? On vous a appris à vous en méfier, à ne pas l'écouter voire à l'ignorer ? À force d'entendre que notre corps est sale et objet de désir, nous avons intégré de manière insidieuse cette dimension : malsaine, honteuse et gorgée de culpabilité. Pourtant, c'est là même que sommeillent votre créativité, votre puissance et votre sagesse.

En finir avec les tabous

Le corps est censuré sur les réseaux sociaux quand il est montré nu, mais vendu dénudé absolument partout dans la publicité et la pop culture. Notre corps est tabou : notre sexualité, nos règles, notre maternité, notre ménopause, nos choix... Le corps est pourtant la source de notre puissance. Reprendre confiance et solidité dans nos corps de femmes nous permet de nous sentir légitimes pour habiter nos vies et l'espace public, sans lutter ni attendre d'autorisation. Notre corps, c'est :

- Le lieu d'alchimie, parce qu'il est notre incarnation dans la matière, il nous permet de faire l'expérience de la vie et d'expérimenter nos plus grandes transformations.
- L'expression de la vraie féminité. On a grandi en recevant l'injonction qu'être féminine, c'est se parer des attributs dits « féminins » – bijoux, robes, cheveux longs, maquillage... (différents selon les cultures, d'ailleurs). On a cru que la féminité se réduisait à ces attributs alors que la vraie féminité, selon moi, est intérieure, en connectant notre féminin sacré, notre énergie féminine. Elle est solidité intérieure, grandeur qui rayonne.

Quelle est notre part de responsabilité ?

La société patriarcale est un système d'oppression des femmes (notamment). Elle fonctionne en ignorant le féminin et en pervertissant le masculin – avec des énergies de contrôle, de peur, de domination. Nous avons appris la peur, à anticiper pour tout contrôler.

Notre corps a été complètement coupé de son lien au divin, au grand tout. Écartées de notre nature spirituelle, avec en nous la mémoire d'un féminin maltraité, nous nous sommes rétrécies et avons remis notre souveraineté dans d'autres mains que les nôtres.

Aujourd'hui, nous avons toutes les clés pour reprendre en main notre responsabilité : en cessant d'y consentir, par notre silence et notre inaction ; en incarnant une autre vision.

Introduction

Avant de commencer

PRÉPAREZ VOS RITUELS

Pas besoin de tracer un cercle comme dans *Charmed* (quoique…) ; votre espace sacré, c'est votre bulle hors du temps, un espace physique et énergétique ! Il désigne avant tout un endroit dans lequel vous vous sentez bien, tranquille et en sécurité pour vous connecter à vous-même. Quant aux rituels, ils permettent d'intégrer des transformations dans le corps et font le lien entre le subtil et le tangible, le visible et l'invisible. *Let's go !*

Créez votre espace sacré

De quoi avez-vous besoin pour créer votre espace sacré ? Rien d'autre que vous ! Le simple fait de vous recentrer (voir page 20) et de déclarer « j'ouvre cet espace sacré » permet d'ouvrir l'espace énergétiquement. Tout est question d'intention. Allumer une bougie peut vous aider à vous connecter au moment présent et à matérialiser cette intention par ce geste. À vous de trouver ce qui résonne pour vous.

Voici le matériel demandé durant ces quatre semaines :

- Un carnet ;
- Un stylo, des feutres ;
- Des bouts de papier ;
- Un bâton ;
- Un pot qui ne craint pas la chaleur ;
- Des bougies et des allumettes (ou un briquet) ;
- Un petit espace pour y créer votre autel ;
- Du maquillage corporel ;
- Une photo de vous petite ;
- Une lumière ou lampe de poche ;
- Des graines de fleurs ou de plantes ;
- Un miroir ;
- De la pâte à sel ou un bloc d'argile.

Mon point de départ

Voici ce à quoi je nous invite aujourd'hui :

1- Prenez votre carnet, posez-vous quelques instants.

2- Fermez les yeux, et commencez par poser la conscience sur votre corps.

3- Ressentez-vous des tensions, des nœuds, des lourdeurs ?

4- Comment aujourd'hui, à cet instant, vous sentez-vous dans votre corps ? Comment l'habitez-vous ?

5- Puis, si vous possédez un miroir, je vous invite à vous poser devant – et, en conscience, à vous observer :

- Quel rapport entretenez-vous avec votre corps aujourd'hui ?
- Est-ce que vous l'aimez, le rejetez ? Est-ce conflictuel, source d'angoisse, de joie ? Notez tout ce que vous ressentez.

Gardez bien précieusement ces quelques pages. C'est votre point de départ, là où vous en êtes aujourd'hui.

Semaine 1

NOURRISSEZ VOTRE **SÉCURITÉ INTÉRIEURE**

La société patriarcale nous enferme dans des exigences et des maltraitances (un standard inatteignable, une beauté normée, codifiée...). Incarner un corps de femme nous fait nous sentir en danger parfois, vulnérable souvent. Une peur ancrée en nous, dont nous n'avons peut-être même pas conscience. Or, se sentir en sécurité est un besoin essentiel, pour nous sentir libres d'explorer, ressentir et vivre pleinement, pour nous aimer dans tout ce que nous sommes. Je vous propose de nourrir notre sécurité intérieure, en reprenant contact avec notre corps, dans sa forme et ses contours.

Jour 1

LIBÉREZ-VOUS DES INJONCTIONS REÇUES

Depuis toutes petites, les femmes reçoivent de toutes parts des injonctions à « être sage », « être une bonne petite fille »... pour être reconnues et approuvées. Par qui ? Par quoi ? Le plus bel amour, la plus belle reconnaissance que l'on puisse recevoir est celle que l'on s'offre à soi-même. Et cela requiert de nous déconditionner de ce que l'on croyait attendu de nous. Poser la conscience sur les injonctions auxquelles nous répondons est le premier pas pour nous en libérer.

Ne cherchez plus à être quelqu'un d'autre

La société patriarcale est nourrie de systèmes d'oppression (sexisme, racisme, âgisme, genrisme...), par une poignée de privilégiés à dominante masculine, blanche, hétérosexuelle cisgenre. Dans les médias comme dans la pop culture, les corps sont hétéro-normés, avec un manque de diversité, que nous incarnons pourtant : personnes racisées, transgenres, LGBTQIA+, non binaires, grosses, handicapées, âgées ; ayant les cheveux blancs, des poils, de la cellulite, des vergetures, des seins plats ou tombants... Le manque de représentation de cette diversité nous conditionne à rechercher une certaine forme de « beauté », codifiée et normée pour répondre aux attentes.

mes ASTUCES

Chacune de nous peut faire bouger les lignes, à son niveau. Vous dessinez ? Vous pouvez utiliser votre « médecine » pour représenter toute la diversité des corps. Vous créez un podcast ? Vous pouvez utiliser cet espace pour faire entendre la voix des minorités invisibles. Vous faites un shooting photo pour votre marque de vêtement ? Vous pouvez choisir des personnes aux morphologies variées.

Ouvrez l'espace

Je vous propose d'ouvrir, symboliquement et énergétiquement, l'espace afin de nous sentir reliées les unes aux autres dans cette exploration en vous-même.

Créez votre autel

Tout d'abord, je vous invite à créer un petit autel pour symboliser cette « reliance » et matérialiser ce voyage que vous vous apprêtez à entreprendre. Un bout d'étagère suffit. Vous pouvez y disposer par exemple une bougie, quelques objets qui ont une signification profonde pour vous et auxquels vous souhaitez vous connecter pendant cette exploration. Je vous invite également à y déposer un objet qui représente toutes les femmes – et les personnes se sentant femmes.

Voici une petite prière,
que vous pouvez lire ou prononcer à haute voix.

« Je remercie pour cette occasion
qui m'est offerte de poser de l'attention
sur mon corps, dans la bienveillance.
Je remercie pour cette possibilité
de nous connecter ensemble,
autour de cette même intention,
de renouer avec notre féminin sacré,
en expérimentant par notre corps.
J'honore toutes les femmes sur terre,
pour toutes les personnes vivant
dans un corps de femme,
ou se sentant femmes.
J'ouvre cet espace, et choisis de me relier à
(prononcez le prénom des femmes avec qui
vous souhaitez partager cette expérience, et/ou les femmes
qui vous sont chères, et/ou toutes les femmes
qui partagent cette exploration intention). »

Jour 1

Mes pratiques

NOUS RECENTRER : NOTRE RESPIRATION

Avant chaque pratique proposée ici, je vous invite à prendre un premier temps pour vous recentrer, lâcher le bavardage mental et revenir dans votre corps. Une première piste à explorer pour le vivre consiste à poser votre attention sur votre respiration, le souffle de vie qui circule en vous à chaque seconde et qui permet de faire circuler l'énergie vitale dans tout votre corps.

Je procède en plusieurs étapes :

- Tout d'abord, je pose mon attention sur ma respiration, sans la modifier, juste pour l'observer.
- Je pose mon attention à différents endroits du corps, pour descendre de plus en plus dans mon intériorité. À chaque étape, je prends le temps de plusieurs respirations – inspire/expire.
- Je pose mon attention sur l'air qui entre par mes narines – frais – puis ressort, plus chaud et humide.
- Je pose mon attention sur mes poumons, qui se gonflent d'air sur l'inspire, ma cage thoracique qui s'épand et se vide sur l'expire.
- Je pose mon attention sur mon ventre, qui se gonfle et se vide.
- Je pose mon attention sur mon utérus.
- Comment vous sentez-vous ? Quelles différences ressentez-vous avec les ressentis du début de la pratique ?

pour ALLER PLUS LOIN

Avez-vous senti les regards se transformer pendant votre adolescence ? Puis à l'âge adulte ? Quels regards sentez-vous sur vous aujourd'hui ? Dans votre entourage proche, quelle valeur attribuait-on au corps féminin et à l'apparence physique de manière générale ?

Ma visualisation pour me connecter à ma petite fille intérieure

Pour cette pratique, offrez-vous le cadeau de vous laisser aller. Je vous invite à vous faire confiance, vivre pleinement cette rencontre, et vous imprégner de vos ressentis.

Matériel :

- Une bougie et des allumettes ;
- Une musique calme ;
- Une photo de vous petite fille ;
- Votre carnet et un stylo.

1 - Ouvrez votre espace sacré (voir page 14), en vous assurant que vous avez devant vous le temps et l'espace pour vivre cette expérience en toute tranquillité. Vous pouvez allumer une bougie et lancer la musique choisie.

2 - Posez l'intention pour votre visualisation, en vous-même ou en la prononçant à voix haute : la rencontre de votre petite fille intérieure, celle que vous avez été.

3 - Allongée ou assise, faites silence en vous et recentrez-vous pour vous rendre disponible.

4 - Prenez dans vos mains la photo, regardez-la, regardez-vous. Invitez-la à se joindre à vous. Fermez les yeux, imaginez cette petite fille, devant vous. Ressentez son énergie.

5 - Qu'a-t-elle reçu en grandissant sur ce que devait être une femme, ce à quoi elle devait ressembler, ce que l'on attendait d'elle ? À quel modèle s'identifiait-elle ? Laisser monter à vous ce qui demande à être entendu.

6 - Avez-vous envie de lui dire quelque chose ? Faites-le, et si l'envie est présente, prenez-la dans vos bras, enveloppez-la de tout votre amour.

7 - Lorsque vous sentez que vous avez terminé, vous pouvez la remercier. Puis posez l'attention de nouveau sur vos sensations corporelles, la densité de votre corps, sa largeur, sa hauteur. Quand vous vous sentez prête, ouvrez les yeux.

8 - Prenez quelques minutes pour écrire ce que vous retenez, de cette rencontre, de ces souvenirs. Quelles émotions ou sensations physiques se manifestent ?

9 - Posez-vous avec elles, observez ces injonctions reçues, et reconnaissez qu'elles ne vous appartiennent pas.

10 - Fermez votre espace sacré, en conscience. Éteignez la bougie.

Jour 2

DÉBARRASSEZ-VOUS DU REGARD DES AUTRES

Il nous a été difficile d'aimer notre corps ou de nous regarder sans jugements, tout simplement. Essayons de nous réconcilier avec notre corps sans que cela devienne une injonction supplémentaire dans nos vies de femmes, mais bel et bien comme une invitation à nous offrir et ressentir de la paix, envers nous-mêmes.

Aimons-nous à l'intérieur comme à l'extérieur

Certaines d'entre nous ont pu ressentir le besoin de rejeter tous les attributs de la « féminité » pour se protéger des regards. D'autres ont préféré les embrasser pleinement pour rechercher une approbation extérieure. Dans les deux cas, nous avons remis notre puissance dans les mains d'un ou d'une autre que soi. Or, la transformation commence toujours à l'intérieur, et en se donnant d'abord à soi-même. Là se nourrit notre puissance. Posez-vous ces questions : comment vous sentez-vous dans votre corps ? Pourquoi trouvez-vous une personne belle ? Pour ses traits physiques ou bien est-ce l'énergie qui émane d'elle ? De quoi avez

vous besoin pour vous sentir belle ? De quoi avez-vous besoin pour vous aimer ? Est-il nécessaire de trouver votre corps beau pour l'aimer ?

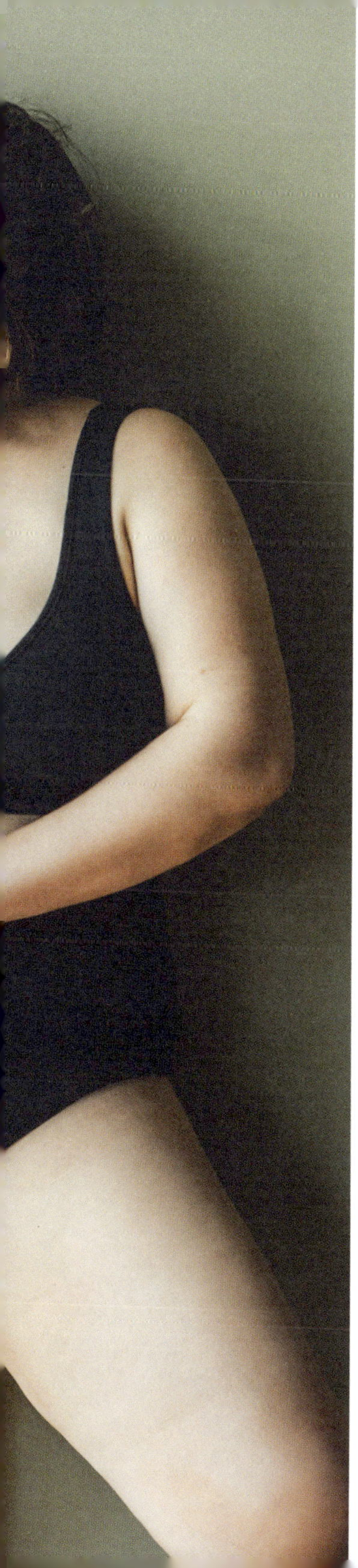

La sorcière, ou l'indépendance au nez crochu

« Avoir un corps de femme pouvait suffire à faire de vous une suspecte », *Sorcières*, Mona Chollet (p. 18).

La sorcière, figure de laideur et de méchanceté par excellence, est omniprésente dans la pop culture. Souvent – voire toujours – représentée vieille, laide, au nez crochu, le poil au menton, les cheveux blancs... elle incarne tout ce que la société patriarcale dévalorise physiquement et socialement. Dans l'imaginaire collectif, elle inspire méfiance et crainte comme la femme indépendante, célibataire, qui déteste bien évidemment les enfants et nourrit une sexualité débridée. La sorcière concocte des potions magiques, chevauche son balai et parle aux animaux. Elle se définit en dehors de son rapport aux hommes : ni épouse, ni mère, ni fille.

mon MANTRA

« Je décide de lâcher définitivement cette relation conflictuelle avec mon corps à dater d'aujourd'hui, et choisis à la place de nourrir une relation empreinte de bienveillance, de non-jugement et de paix. »

Jour 2

Mes pratiques

NOUS RECENTRER : LES 7 DIRECTIONS

- Tenez-vous debout, et prenez conscience des quatre directions. Où se trouvent l'est ? Le sud ? L'ouest ? Le nord ?

- Pour chaque point cardinal, orientez-vous dans la direction, et prenez quelques secondes pour en prendre conscience. Qu'y a-t-il à l'est de l'endroit où vous vous trouvez ? Quelles ville, pays, région, personnes ? Puis, faites de même pour chacune des trois autres directions.

- Prenez conscience de la terre qui se trouve sous vos pieds – et du ciel au-dessus de votre tête. Ce sont deux autres directions.

- Vous, debout, ici et maintenant, incarnez la septième direction. L'en-dedans. Vous êtes le point de jonction des six autres, le lien. Je vous invite à poser une main sur votre cœur, et l'autre sur votre bas-ventre, et à prendre le temps d'honorer cette septième direction que vous incarnez dans votre corps, au centre des six autres.

Ma pratique pour me réconcilier avec mon corps

Je vous propose une pratique, peut-être nouvelle pour vous, et pas forcément facile. Il s'agit de se poser nue devant un miroir, pour se décrire de manière objective. Exit les « trop » ou « pas assez », les « beau » ou « moche ». Ici, vous allez vous observer sans jugement, simplement en décrivant les formes de votre corps, dans une position de neutralité. Bien sûr, assurez-vous que vous êtes seule dans une pièce, chez vous et créez un espace dans lequel vous vous sentez en sécurité.

1- Créez votre cercle de confiance. Formez un cercle en marchant autour de vous, avec l'intention de créer votre espace sacré (voir page 14) et prononcez la phrase suivante – à adapter selon ce qui résonne juste en vous : « À l'intérieur de ce cercle, je suis en parfaite sécurité. Rien ne saurait venir menacer mon intégrité physique, et rien ne saurait pénétrer ce cercle sans mon consentement. »

2- Placez-vous au centre de ce cercle. Je vous invite à vous mettre nue et à vous placer devant un miroir, dans l'intention de vous observer entièrement, des pieds à la tête, sans jugements.

3- Maintenant, vous allez vous décrire de manière objective. Par exemple : « Je vois un nez long ou volumineux », plutôt que « J'ai un nez horrible ». Cela peut s'avérer difficile de ne pas tomber dans l'autojugement, peut-être aurez-vous besoin de pratiquer plusieurs fois avant d'être à l'aise. Tout est OK.

4- Prononcez ces paroles à voix haute. Vous pouvez même vous enregistrer si vous en ressentez l'envie. Et prenez tout le temps dont vous avez besoin. N'hésitez pas à le faire en plusieurs fois si c'est plus fluide pour vous. Écoutez-vous, et allez vers ce qui vous semble le plus léger et joyeux.

5- Clôturez votre espace sacré. Comment vous sentez-vous à l'issue de cette pratique ? Est-ce que ça a été difficile ? Avez-vous senti des nœuds, des sensations de crispation ? À quel endroit dans le corps ? Notez dans votre carnet. Vous pouvez par exemple choisir de faire de cette pratique un rituel hebdomadaire, pour nourrir cette connexion.

Jour 3

RECONNECTEZ-VOUS À LA MAGIE DE LA VIE

Certaines d'entre nous peuvent avoir connu une relation conflictuelle avec leur corps. Pourtant, il est celui avec lequel nous allons vivre toute notre vie. Deux choix s'offrent à nous : être en lutte ou l'accepter. Quelle relation choisissez-vous aujourd'hui ? Ce ne sera peut-être pas facile, voire difficile selon nos expériences de vie et nos traumas.

Le corps, une expérience jouissive de la vie

Notre corps est notre temple, il est l'enveloppe charnelle que notre être a choisie pour expérimenter la matière, faire l'expérience de la vie ; nous sommes des êtres spirituels vivant une expérience humaine.

- Prenez conscience des expériences et des sensations jouissives qu'il vous permet de ressentir (un orgasme, un plat préféré, la brise sur votre peau...).
- Je vous invite à tourner votre regard vers l'intérieur, à le sentir. À chaque seconde, notre cœur fait pulser le sang vers chacun de nos organes. À chaque instant, notre souffle circule en nous. Notre corps est un miracle de la nature.

mon MANTRA

« J'aime ce que je ressens à l'intérieur de mon corps. Il me permet de faire l'expérience de la vie. Je sens donc je suis. »

Ralentissez le rythme

On oublie bien souvent le miracle d'être en vie et d'incarner notre corps pour en faire l'expérience. Vous vous sentez surchargée de choses à réaliser ? Le simple fait de ralentir nous permet bien souvent d'avoir la sensation que le temps, lui aussi, ralentit sa course. Dans une société qui cherche à aller toujours plus vite et plus loin, la lenteur est un acte militant, un acte d'amour envers vous-même. Lâcher le faire pour pénétrer dans l'être. Être, pour que votre faire s'aligne, avec justesse et fluidité.

Plutôt que des *to-do lists*, je vous invite à écrire votre to-be list : comment avez-vous envie de vous sentir dans votre journée et votre semaine ? Ensuite, vous pouvez écrire ce que vous avez envie de faire pour vous sentir comme cela.

mes ASTUCES

Combien de fois commençons-nous notre journée sans même avoir pris le temps de « checker » nos ressentis ? Je vous propose de prendre cinq minutes, chaque matin, ou plusieurs fois dans votre journée, pour vous poser en silence avec vous-même, en fermant les yeux et en vous demandant : « Comment je me sens, là, tout de suite ? Qu'est-ce que je ressens dans mon corps ? De quoi ai-je besoin ? »

Jour 3

Mes pratiques

NOUS RECENTRER : LES 5 SENS

Revenir aux cinq sens nous permet de revenir dans notre corps, dans le moment présent – ici et maintenant. Cela nous offre le cadeau de faire taire le mental, quand il s'emballe et s'agite dans tous les sens, pour revenir à notre intériorité, nos sensations.

Quand vous en ressentez le besoin, mettez vous debout, les pieds écartés à la largeur de votre bassin. Prenez le temps de bien poser toute votre voûte plantaire sur le sol.

Puis observez autour de vous, et prononcez à voix haute :

- 5 éléments que vous voyez ;
- 4 éléments que vous entendez autour de vous ou en vous ;
- 3 éléments que vous sentez ;
- 2 éléments que vous touchez ;
- 1 élément que vous goûtez (même si ce n'est que votre salive, ou le goût encore présent du dentifrice ou du carré de chocolat).

Mon écriture médecine pour me connecter à la gratitude

Pour nous réconcilier avec notre corps et faire taire cette petite voix qui nous dit que l'on est trop ou pas assez... la gratitude est une solution ultra-puissante. Elle nous permet d'élever notre vibration et de poser notre intention sur l'abondance déjà présente dans notre vie.

1- Prenez votre carnet, et écoutez une musique douce si vous en ressentez l'envie. Je vous invite à vous recentrer et à poser l'intention de vous connecter à la gratitude.

2- Je vous propose d'écrire deux listes. Pour chacune, je vous invite à commencer chaque phrase par « je ressens de la gratitude pour... » ou « je me sens reconnaissante pour... », afin de vous connecter à cette sensation, en conscience.

- Dans un premier temps, notez tout ce que vous aimez en vous, votre corps. Par exemple : « J'éprouve de la gratitude pour la couleur de mes yeux. »
- Puis, notez au moins vingt raisons d'aimer, célébrer et honorer votre corps pour ce qu'il vous permet de vivre et de ressentir. Si vous ne savez pas par où commencer, vous pouvez vous connecter à vos cinq sens : la vue, l'ouïe, l'odorat, le goût et le toucher, ou à vos organes, vos muscles, vos membres. Autrement dit, je vous invite à observer votre corps pour sa fonction plutôt que pour son esthétique. Par exemple : « J'éprouve de la gratitude pour ma langue qui me permet de savourer de bonnes choses. Je remercie mes pieds qui me permettent de me tenir debout, mes bras de câliner, mon clitoris de ressentir un orgasme, ma peau de recevoir des caresses... »

3- Maintenant, je vous invite à noter vingt choses que vous aimez. « J'aime le chocolat, grimper sur des rochers, faire la roue dans l'herbe... ». Regardez votre liste en prenant conscience que chacun de ces kifs est rendu possible grâce à votre corps. Est-ce que vous pouvez ressentir de l'amour pour votre corps, parce qu'il vous permet d'apprécier ces kifs ?

Jour 4

ENTOUREZ-VOUS D'AMOUR

L'amour est une énergie extrêmement puissante. Pourtant, nous avons davantage grandi en nous comparant sans cesse aux autres, autrement dit, dans la dépréciation de nous-mêmes. Nous nous sommes oubliées, nous avons appris à avoir peur de notre corps, à ignorer ses besoins, ses ressentis. Nous avons nourri la croyance que nous ne pouvons pas lui faire confiance. Je vous propose aujourd'hui de vous entourer d'amour, pour faire la paix avec votre corps.

Préférez l'amour à la peur

Bonne nouvelle ! Vous pouvez lâcher vos croyances limitantes et en choisir de nouvelles qui vous soutiennent, qui transforment votre réalité et la manière dont vous la vivez. Le secret : ce sera beaucoup plus facile d'aller vers ce qui vous fait envie et ce qui vous fait sentir aimée que de réagir en opposition à ce que vous voulez à tout prix éviter. L'énergie grandit là où l'on pose notre attention !
Alors, pourquoi ne pas s'offrir un peu d'amour pour acquérir confiance et sérénité ? Ça commence par là :

- Je vous invite à choisir ce dont vous avez envie, par amour (et non par dégoût) pour votre corps. Que signifie pour vous « prendre soin » de votre corps ?

- Offrez-vous le temps d'identifier ce que vous avez envie de ressentir dans votre corps. Par exemple, plutôt que « je veux atteindre X kg », préférez « j'ai envie de ressentir de la vitalité ».
- Maintenant, quel élan ressentez-vous pour expérimenter ce ressenti ?

ZOOM sur

L'HO'OPONOPONO

Ce rituel de pardon est issu de la tradition hawaïenne, modernisé en 1976 par Morrnah Nalamaku Simeona et petit à petit adapté à la culture occidentale. Cette méthode de guérison nous invite à prendre conscience de notre responsabilité dans la vie que nous avons créée et par la même occasion, notre puissance, notre souveraineté intérieure. Aujourd'hui l'Ho'oponopono a été simplifiée par ces quatre phrases : « Je suis désolée – pardonne-moi – merci – je t'aime. » Vous pouvez vous inspirer de l'Ho'oponopono pour venir poser de la douceur et de la bienveillance sur votre rapport au corps, sur la manière dont vous l'avez traité, sur ce que vous avez traversé ensemble, sur les expériences de vie douloureuses voire traumatiques. Je vous invite à créer un rituel pour guérir ce conflit à l'intérieur.

- **« Je suis désolée. »** Reconnaissez la situation que vous traversez.
- **« Je me pardonne. »** Pardonnez-vous pour vous être amenée à vivre cette situation. Pardonnez aussi aux autres, à l'Univers. Cela permet de libérer l'énergie et les émotions denses qui peuvent y être associées (colère, culpabilité, honte).
- **« Merci. »** Connectez-vous à la gratitude pour les enseignements que cette situation vous apporte et ce qu'elle permet de nettoyer, guérir, mettre en lumière.
- **« Je t'aime. »** Posez de l'amour sur cet enseignement, pour vous libérer.

Jour 4

Mes pratiques

MON RITUEL POUR POSER DE L'AMOUR SUR MOI

L'intention de ce rituel est de nous honorer, en posant de l'amour sur nous, littéralement ! Laissez-vous aller dans votre créativité, ne vous prenez pas la tête. Il s'agit de dessin intuitif.

Matériel :
- Une bougie et des allumettes ;
- Une musique ou une playlist qui vous fait vous sentir belle et « badass » ;
- Du maquillage ou des feutres pour dessiner sur la peau ;
- Votre carnet et un stylo.

1- Ouvrez votre espace sacré de la manière qui résonne juste pour vous (voir page 14).

2- Posez l'intention d'honorer votre corps et de vous connecter à l'énergie d'amour.

3- Mettez-vous nue, ou en sous-vêtements. Vous allez honorer les parties que vous avez du mal à apprécier. Pour cela, vous allez dessiner sur votre corps, intuitivement. Vous poserez du beau sur ces zones, avec l'intention de leur offrir de l'amour, de la bienveillance et de la gratitude.

4- Vous pouvez prononcer à voix haute des paroles comme « je te vois, je te remercie d'être là, je t'aime », ou ce qui vous vient naturellement. Si c'est trop difficile pour vous, vous pouvez tout à fait prononcer quelque chose comme « je te vois, j'ai encore de la difficulté à ressentir de l'amour pour toi mais je pose l'intention de nourrir ce sentiment envers toi ».

5- Lorsque vous arriverez à la fin, une sensation de légèreté va envahir votre corps. Vous pouvez vous prendre en photo, prendre le temps de vous observer dans un miroir.

6- Dans votre carnet, je vous invite à écrire ce que vous avez ressenti pendant ce rituel, puis à l'issue de celui-ci.

7- Éteignez votre bougie pour clôturer votre espace sacré.

Ma pratique pour me sentir en confiance

Je vous propose cette pratique pour nourrir un sentiment de confiance intérieure, qui peut vous permettre de vous sentir plus solide, y compris lorsque vous sortez de votre bulle.

1- Fermez les yeux, et prenez quelques grandes respirations pour vous recentrer et revenir à ici et maintenant, dans votre corps (voir page 20).
2- Visualisez une bulle dorée à l'intérieur de vous, entre le cœur et le plexus solaire. Cette bulle est chaude, comme de l'hydromel, réconfortante, enveloppante, cocooning. Prenez le temps dont vous avez besoin pour la visualiser, la ressentir.
3- Puis, quand vous êtes à l'aise avec, permettez-lui de grandir, d'occuper plus d'espace en vous, jusqu'à occuper tout votre corps ; sa chaleur et sa douceur se répandent comme un liquide ambré, doré.
4- Et puis, laissez-la grandir au-delà de vous, et former autour de vous une bulle de protection, de douceur et d'amour.
5- Posez l'intention que cette bulle est votre espace, et que vous y êtes en sécurité. Rien ne peut y pénétrer sans votre consentement. Rien ne peut venir menacer votre intégrité physique. Vous êtes souveraine en votre royaume. C'est un peu se sentir comme Beyoncé sur scène. Peut-être allez-vous ressentir que votre posture se modifie ; que vous vous tenez plus droite, vous vous grandissez, comme plus solide à l'intérieur de vous, plus en confiance.
6- Sortez faire une balade. Comment vous sentez-vous ? Ressentez-vous quelque chose de différent en vous, autour de vous ?

À SAVOIR

Je précise que vous pouvez ressentir de l'amour pour votre corps sans forcément le trouver beau. Vous détacher de cet amalgame peut vous aider à ressentir l'amour, pour vous !

Jour 5

HONOREZ VOTRE INTÉGRITÉ PHYSIQUE

Habituées à ce que la société nous renvoie chaque jour, à savoir la femme-objet – de désir et de procréation –, nous en venons parfois à douter de notre légitimité à exprimer clairement notre consentement. Il est temps aujourd'hui d'honorer votre intégrité physique et de la faire respecter.

La sécurité, la clé pour exprimer vos besoins

Nous sommes chacune un être absolument unique et sacré. Notre corps est à nous. Personne n'a son mot à dire, si ce n'est nous. Notre corps EST nous : personne n'a le droit de décider à notre place, personne n'a de pouvoir sur nous ou sur notre vie. Toute relation, à commencer par celle que l'on entretient et que l'on nourrit avec soi-même, nécessite de se sentir en sécurité pour exprimer et honorer nos besoins, ainsi que nos limites.
Vous êtes légitime, simplement parce que vous existez.
Deux définitions sont à retenir :

- **Intégrité physique :** l'intégrité physique est un droit, en vertu duquel chacun a droit au respect de son corps et à sa protection.
- **Consentement :** acte libre de la pensée par lequel on donne son accord pour une action, un projet, un acte.

ZOOM sur

LA CULTURE DU VIOL

Précaution : prenez soin de vous. Lisez cette page si et seulement si vous vous sentez prête.

La culture du viol banalise et excuse la violence sexuelle, de manière tellement insidieuse que nous l'entretenons par nos jugements, nos paroles et nos comportements (notamment en faisant porter la responsabilité d'une agression sur la victime, sous prétexte de sa tenue, du manque de clarté dans ses propos, de son imprudence à être rentrée seule...). Autant de raisons que l'on ne viendrait même pas invoquer pour les hommes.

La notion de consentement

Combien d'entre nous ont appris à dire bonjour en faisant un bisou, pour « être polie » ?

Si dire « bonjour » est un signe de politesse, embrasser sur la joue n'en est pas un. Prenons-en conscience pour transmettre dès le plus jeune âge qu'il appartient à chaque personne, y compris à chaque enfant, de décider si il ou elle a envie. Dites le non. Pour un acte précis, tout contact physique quel qu'il soit, vous avez le droit de poser vos limites, même si la personne en face n'en comprend pas les raisons.

- Un « non » respecté, c'est honorer votre intégrité physique. L'accepter, c'est aussi apprendre à le recevoir. Les deux vous permettent d'accorder d'autant plus de valeur et de gratitude au « oui ».
- Un « oui » exprimé de manière éclairée (sans mensonge ni omission), librement (sans manipulation ni pression) et enthousiaste (sans se sentir obligée) vaut pour un instant T, c'est du consentement. L'absence de « non » ne vaut pas consentement.

À SAVOIR

Le site unwomen.org propose seize manières de lutter contre la culture du viol.

Pour le kif : à voir, le clip « Balance ton quoi » d'Angèle.

Jour 5

Mes pratiques

MON VOYAGE POUR VISITER MON SANCTUAIRE

Je vous propose d'aller à la rencontre de votre sanctuaire, en visualisant un lieu, imaginaire ou réel, où vous pourrez venir vous ressourcer autant de fois que vous en ressentez l'envie ou le besoin. C'est un monde intérieur qui vous permet de vous sentir en paix et en sécurité.

1- Prenez de grandes et profondes respirations pour vous recentrer, et revenir dans l'ici et maintenant.

2- Posez l'intention d'explorer votre monde intérieur et de découvrir votre sanctuaire, un endroit dans lequel vous vous sentez en parfaite sécurité.

3- Les yeux fermés, visualisez sur une respiration (inspire-expire) un grand 3 ; puis sur les deux prochaines respirations un 2, et un 1. Vous pouvez imaginer que pour chacune, vous descendez une marche. Après la dernière respiration, arrivée sur la dernière marche, une porte s'offre à vous, que vous choisissez d'ouvrir. Elle vous permet d'accéder à votre sanctuaire.

4- Vous l'ouvrez. Que voyez-vous ? Où êtes-vous ? Ce peut être un lieu que vous avez déjà visité, que vous connaissez bien, ou un lieu imaginé. Ne cherchez pas à contrôler, accueillez sans jugements l'endroit qui s'offre à vous, et assurez-vous de ressentir de la sécurité, de la tranquillité.

5- C'est votre sanctuaire, vous pouvez venir vous y recueillir aussi souvent que nécessaire. Il peut varier à chaque visite, ou par période. Il n'y a pas de règles, tout est juste.

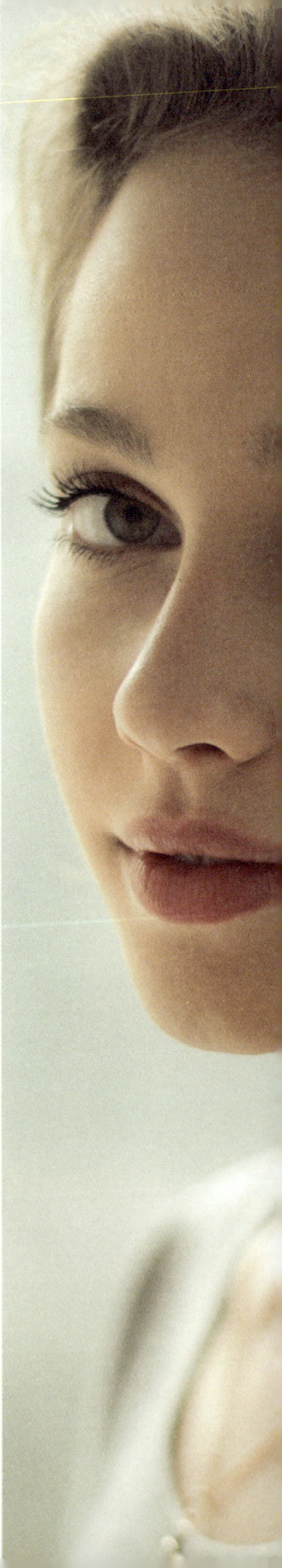

Ma visualisation pour écouter mon enfant intérieur

Je vous propose d'aller de nouveau à la rencontre de votre petite fille intérieure, celle que vous avez été, pour lui offrir tout l'amour et toute l'écoute que vous auriez aimé recevoir.

Matériel :

- Une bougie et des allumettes ;
- Une photo de vous petite.

1- Ouvrez votre espace sacré (voir page 14), allumez votre bougie en posant l'intention de vous connecter à vous-même et la petite fille que vous avez été en posant la photo devant vous. Elle est toujours là, blottie à l'intérieur de vous.

2- Prenez de grandes et profondes respirations pour vous recentrer, et revenir dans l'ici et maintenant.

3- Prenez le temps dont vous avez besoin. Vous observez une petite fille venir vers vous. Quel âge a-t-elle ? Comment vous sentez-vous à son contact ?

4- Qu'auriez-vous aimé entendre petite ? Qu'auriez-vous eu besoin d'entendre ? Qu'aimeriez-vous lui dire à cette petite fille ? Dites-le-lui, offrez-lui vos mots d'amour, de compassion, de bienveillance, de regrets peut-être. Laissez aller tout ce qui a besoin de sortir.

5- Comment réagit-elle ? Est-elle heureuse, en colère, triste ? Accueillez ses émotions, montrez-lui que vous êtes là pour elle, dans une posture d'accueil et d'amour. Dites-lui qu'elle seule peut ressentir ce qui est juste ou pas pour elle. Qu'elle a le droit de dire non, qu'elle est légitime et qu'elle est en sécurité.

6- Écoutez si elle souhaite à son tour partager quelque chose avec vous. De quoi a-t-elle peur si elle exprime son désaccord ?

7- Prenez-la dans vos bras. Elle devient vous, vous êtes elle. Vous l'accueillez pleinement, avec beaucoup d'amour.

8- Quand vous vous sentez prête, revenez dans votre corps, dans vos sensations, dans cette pièce, puis ouvrez les yeux. Fermez votre espace sacré.

Jours 6-7

SOYEZ INDULGENTE

Nous venons d'un monde dans lequel les valeurs du masculin – déviées – ont écrasé celles du féminin. Beaucoup de croyances sont ancrées si profondément en nous, depuis des générations, qu'elles peuvent mettre du temps à se transformer. Nous ne pourrons pas défaire en quelques semaines plus de cinq mille ans de domination. Alors rappelons-nous d'être indulgentes envers nous-mêmes.

Connectez-vous à votre corps au quotidien

Je vous livre quelques idées à intégrer à votre routine du matin, ou à tout autre moment de la journée pour ressentir votre corps. Vous pouvez y piocher ce qui vous met en joie ou tout simplement vous mettre à l'écoute de ce qui vous fait envie.

- Prenez quelques minutes pour respirer en conscience et faites un scan corporel. Des pieds jusqu'au sommet de votre tête, parcourez votre corps et mettez-vous à l'écoute de ce que vous ressentez. Quelles sensations corporelles ? Quelles émotions ?
- Le matin, avant de sortir de votre lit, vous pouvez masser vos pieds. Commencez par l'un, en pressant votre voûte plantaire avec vos pouces. Écartez chaque orteil, puis étirez-les tous. Posez les deux pieds au sol en observant la différence de sensations ; puis massez le second.

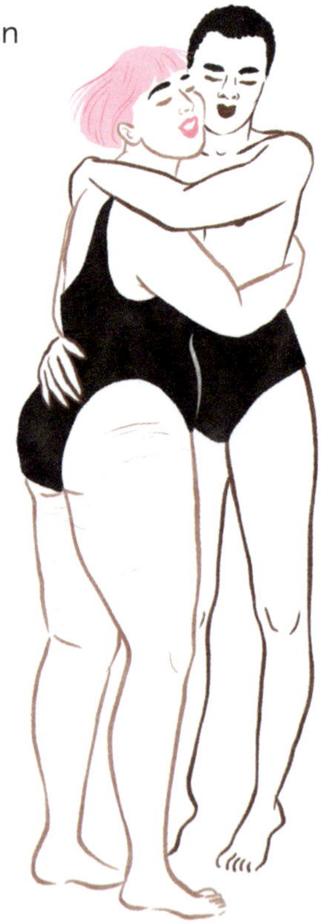

À SAVOIR

En général, les rituels et pratiques énergétiques font circuler l'énergie – c'est d'ailleurs pour cela qu'il est très souvent recommandé de bien s'hydrater.

ZOOM sur

LA MÉDECINE DE L'EAU

La médecine de l'eau s'offre à nous sous bien des formes : nos larmes, la pluie, la rosée du matin, une baignade en rivière ou dans l'océan… Rien de tel que l'élément eau pour nous apporter de la douceur et de la fluidité. Elle nettoie, purifie, apaise le feu. Elle hydrate et guérit. Elle nous met en lien avec notre sensibilité et nos émotions, facilite la circulation et la libération des émotions par les larmes. Elle est fluide sacré, source de vie. C'est l'élément primaire, celui dans lequel nous avons baigné dans le ventre de notre mère. Notre corps est composé à 70 % d'eau. Nos cellules contiennent 99 % d'eau.

L'eau a une mémoire, elle enregistre les vibrations. Sa structure se modifie selon qu'elle reçoit des pensées « positives » ou « négatives », comme l'ont démontré les travaux du scientifique japonais Masaru Emoto.

Si vous prévoyez d'assister à un événement aux belles énergies (par exemple un concert…), je vous invite à prendre une gourde remplie d'eau ; elle se chargera des vibrations positives. Vous pourrez la boire au moment voulu, avec la conscience de cette eau qui pénètre votre corps, en posant l'intention qu'elle fasse circuler et nettoie en vous ce qui n'a plus lieu d'être.

Jours 6-7

Mes pratiques

MON RITUEL : LE BAIN OU BAIN DE PIEDS

Je vous invite à vous offrir un bain ou un bain de pieds, si vous préférez ne consommer que peu d'eau. Toute pratique peut devenir rituel sacré si l'intention est posée, et l'espace créé. Aussi, je vous propose de faire de ce moment cocooning un moment sacré.

Matériel :

- Le sel d'Epsom. Il possède des propriétés anti-inflammatoires, calmantes et relaxantes, détoxifiantes, exfoliantes, vasodilatatrices (pour l'amélioration de la circulation sanguine) et antifongiques.
- Des herbes et plantes pour soutenir les effets. Par exemple, la lavande pour ses vertus apaisantes, ou encore la rose sauvage pour l'énergie d'amour.
- Une huile végétale pour vous masser (le corps ou les pieds). Choisissez-la en fonction de ses propriétés, ou tout simplement si elle vous fait envie. Pensez à la mettre dans un petit pot en verre, et plonger celui-ci dans de l'eau chaude pour que l'huile soit tiède au moment de vous masser.

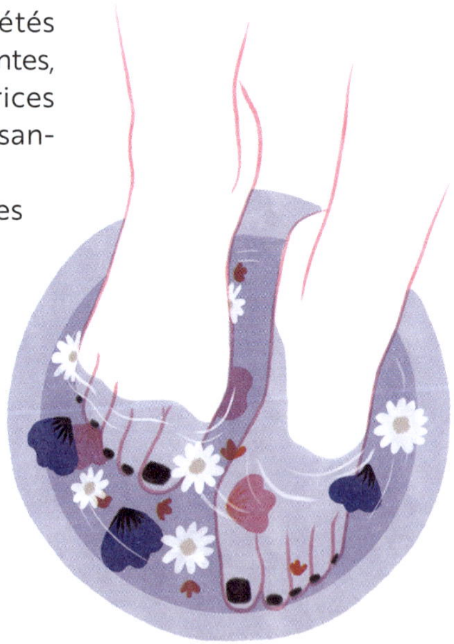

Le bain

1- À quoi ressemblerait pour vous un bain sacré ? Je vous invite tout d'abord à fermer les yeux, et à laisser venir à vous cette vision. Laissez-vous imprégner des parfums et sons de l'atmosphère. Sans compromis, sans rien retenir.

2 - Le moment venu, disposez tout dans votre pièce. Bougies, musique, guirlande lumineuse, petit plateau gourmand, verre de vin ou tisane bien chaude. Offrez-vous le temps de recréer ce moment que vous avez visualisé. Je vous invite à éteindre votre téléphone, supprimer toute distraction afin d'être pleinement disponible pour recevoir ce moment .

3 - Ouvrez votre espace sacré (voir page 14), et posez l'intention de recevoir la médecine de l'eau. Invitez-la à vous nettoyer de ce qui ne vous appartient plus. Recevoir commence par se donner à soi-même.

4 - Faites couler l'eau en conscience et préparez votre bain (ou bain de pieds) en déposant le sel d'Epsom et les plantes choisies, en demandant qu'elles vous soutiennent dans ce moment.

5 - Pénétrez dans votre bain ou bain de pieds, connectez-vous à ces sensations, la chaleur, la fluidité, la douceur. Prenez le temps de ressentir comme l'eau vous enveloppe et vous nettoie de ce qui n'a plus sa place dans votre vie. Prenez le temps d'accueillir votre corps tel qu'il est aujourd'hui, avec ce que vous avez vécu, traversé.

6 - Quand vous vous sentez prête, sortez, remerciez l'eau, le sel et les plantes pour leur médecine.

Massage

Je vous invite maintenant à prendre votre huile végétale pour hydrater votre peau, en conscience (tout le corps ou seulement les pieds). Vous pouvez imaginer que le végétal qui a fourni cette huile pénètre votre peau et la nourrit en profondeur. Prenez conscience de vos contours et offrez-vous cet automassage comme un acte d'amour envers vous-même et remerciez-vous pour ce moment avant de clôturer votre espace sacré.

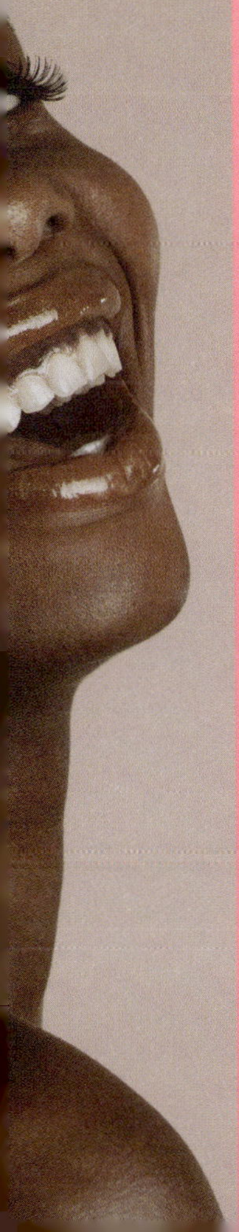

Semaine 2

HONOREZ VOTRE SEXE **POUR BOOSTER VOS ÉNERGIES**

Le corps des femmes est aujourd'hui encore perçu comme un objet sexuel – de procréation et de jouissance masculine. Avez-vous l'impression que votre plaisir sexuel peut-être tabou, de même pour la sexualité au sens large ? On nous renvoie l'image que c'est sale, honteux. Pourtant, se reconnecter à notre sexe et notre sexualité est une exploration vers notre souveraineté : la souveraineté sur notre anatomie, sur notre droit au plaisir (avant tout pour nous-mêmes) et sur notre énergie vitale.

Jour 8

RENCONTREZ VOTRE YONI

Nous allons chaque année chez le ou la gynécologue pour faire un check-up, mais la plupart d'entre nous sont incapables de dessiner une vulve, un utérus ni même un clitoris. Comment avons-nous pu en arriver à tant d'ignorance et confier cette connaissance au seul corps médical ? Cette semaine, je vous propose une exploration dans les merveilles de notre sexe : la yoni*.

Soyez souveraine en votre royaume

La connaissance de nous-mêmes nous permet de gagner en autonomie, en sécurité intérieure et en responsabilité propre. Elle nous libère aussi de l'infantilisation médicale, existante depuis la disparition des sorcières et des guérisseuses. Se connaître, c'est donc se réapproprier un savoir perdu depuis des siècles, qui nous permettra de nourrir notre confiance intérieure.

Représentez votre vulve

Aujourd'hui, nous avons de vagues souvenirs de nos cours d'anatomie au collège, et à part là, personne ne nous a transmis ces connaissances, pas même les femmes de notre famille, soit par tabou, soit par méconnaissance. Pour vous réapproprier votre corps, vous pouvez prendre le temps de rechercher des dessins sur Internet ou dans des livres pour découvrir différents angles de votre yoni. Pour la créer, jetez un coup d'œil page 50.

* Mot sanskrit qui désigne l'organe génital féminin dans son ensemble, intérieur et extérieur.

Pratiquez l'auto-observation

Aujourd'hui, tout en douceur, je vous invite à prendre le temps d'observer les belles illustrations de Youlie. Se mettre nue, et plus encore explorer notre yoni, est l'un des actes les plus vulnérables qui soit. Assurez-vous de le faire uniquement si vous vous sentez en sécurité. Si ce n'est pas le cas, demandez-vous ce que vous pouvez vous apporter pour nourrir ce sentiment de sécurité (en vous et autour de vous) ? Peut-être découvrez-vous votre anatomie pour la première fois. Quelles sont vos découvertes ? Que ressentez-vous ?

À SAVOIR

Des ateliers d'auto-observation se développent, loin du corps médical, dans l'intention de permettre aux femmes de redécouvrir et se réapproprier leur corps, en particulier leurs organes génitaux. Ils sont gratuits. Comment ça marche ? Ces ateliers guident une auto-observation à l'aide de miroirs (en respectant l'intimité de chacune bien sûr), et se concluent sur un partage des découvertes, sensations et questionnements. Par exemple, ils offrent l'occasion de savoir ce que sont des pertes normales et à quoi votre vulve ressemble habituellement (ce qui est important pour déceler un symptôme et aller consulter au bon moment).

Jour 8

Mes pratiques

MA PRATIQUE POUR RENCONTRER MON SEXE

Avez-vous déjà pris le temps de regarder votre vulve devant un miroir ? Savez-vous à quoi votre yoni ressemble, quelle est son apparence, son odeur ? Cela peut être particulièrement déstabilisant de découvrir que l'on ne connaissait pas son propre sexe.
Je nous invite à aller nous rencontrer.

Matériel :

- Un miroir ;
- Une lumière ou une lampe de poche ;
- De l'huile de coco pour lubrifier si besoin ;
- Une bougie et des allumettes ;
- Une musique si vous le souhaitez ;
- Une pièce bien chauffée.

1- Ouvrez votre espace sacré (voir page 14), allumez votre bougie en posant l'intention d'aller à la rencontre de vous-même et de votre yoni. Bien entendu, assurez-vous d'être seule et tranquille. Sachez que cette pratique est libre, ce sont seulement des invitations à explorer. Restez dans ce qui est confortable et curieux pour vous.

2- Déshabillez-vous en conscience, prenez le temps dont vous avez besoin. Sentez-vous libre de le faire en dansant si vous en avez envie !

3- Placez-vous devant une source lumineuse suffisante, et devant votre miroir. Commencez à vous observer, à observer votre vulve en vous tenant debout.

4- Amusez-vous à repérer les différentes parties à partir des illustrations (voir pages 48, 52 et 65). Est-ce une découverte pour vous ? Est-ce que vous les ressentez ou bien avez-vous des difficultés à poser de la conscience dessus ? Prenez votre temps, c'est probablement très difficile pour beaucoup d'entre vous.

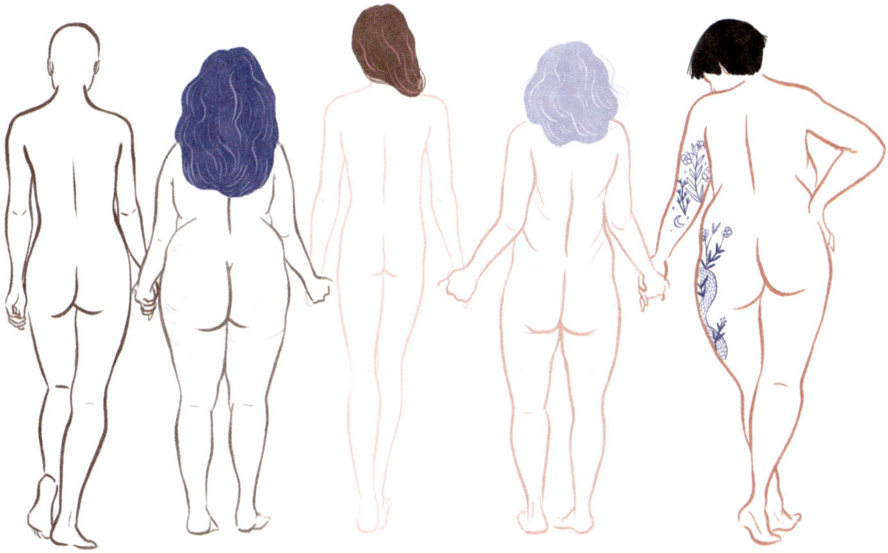

5 - Allez à votre rythme, selon votre curiosité, vos envies d'exploration du moment présent. Vous pouvez toucher votre vulve, l'entrée du vagin, le col de l'utérus. Vous pouvez aussi toucher votre sécrétion, la sentir. Utilisez vos sens pour (re)découvrir votre yoni, en bienveillance.

6 - Fermez votre espace sacré.

Mon écriture médecine pour choisir la relation avec ma yoni

Dans votre carnet, je vous propose quelques pistes pour questionner la relation avec votre yoni. Je vous invite à l'écrire au présent et à l'affirmatif.

- Quand je vous dis « femme + sexe », à quoi pensez-vous ? Quels sont les premiers mots qui vous viennent à l'esprit ? Sans juger, tout est OK.
- Qu'est-ce que ça dit de votre relation à la sexualité en général ?
- Quelle relation entretenez-vous avec votre yoni ?
- Cette relation vous convient-elle ?
- Avez-vous envie de la nourrir davantage, ou bien encore de nourrir une nouvelle relation ? Sur quelles bases ? Imaginez votre yoni comme une personne. Quelle relation avez-vous envie de nourrir ? Quelle est votre intention à partir d'aujourd'hui ?

Maintenant que vous avez posé votre intention, que pouvez-vous faire aujourd'hui, mettre en place dans votre vie pour honorer cette intention ?

Jour 9

CHOISISSEZ VOTRE SUIVI GYNÉCOLOGIQUE

Avant d'être ce qu'elle est aujourd'hui, la gynécologie était pratiquée par les femmes. Celles-ci faisaient partie de ces « sorcières » persécutées pendant plusieurs siècles à travers toute l'Europe et ont été, petit à petit, remplacées par la figure de l'homme médecine qui détient la connaissance. Les femmes, infirmières et sages-femmes se sont vues reléguées au plan d'assistante. Réhabilitons leurs savoirs !

Qui consulter pour votre yoni ?

On ne la touche pas, on ne la sent pas, on ne la regarde pas… comme s'il nous était demandé d'ignorer complètement cette partie du corps. Parallèlement, nous avons été éduquées pour aller chez le ou la gynécologue chaque année. Savez-vous que les sages-femmes sont tout aussi compétentes ? On ne le sait pas assez, pourtant elles sont formées pour effectuer les examens gynécologiques, y compris les frottis. Leurs savoirs ne sont pas « limités » à la grossesse et à l'accouchement ! Vous pouvez donc choisir une sage-femme pour votre suivi gynécologique si vous êtes en bonne santé.

À SAVOIR

Pour une approche holistique, le site ritesdefemmes.com propose la formation en ligne « gyn'écologie holistique », transmise par Marie-Pénélope Peres et filmée par Marion Valadier, dont l'intention est de nous permettre de nous réapproprier connaissances et savoirs quant à notre intimité.

ZOOM sur

LE RACISME ET LE SEXISME EN GYNÉCOLOGIE

L'invention du spéculum, par James Marion Sims dans les années 1800 aux États-Unis, constitue un exemple flagrant du racisme sur lequel s'est construit la gynécologie moderne. Il achetait des femmes noires esclaves et pratiquait sur elles des expérimentations (sans anesthésie) dans sa clinique en Alabama, pour développer des outils et techniques de gynécologie. Cet homme est devenu un chirurgien réputé, président de l'American Medical Association et membre de la New-York Academy of Medecine. Il a notamment une statue à son effigie dans Central Park à New York.

À SAVOIR

Les femmes racisées subissent aujourd'hui encore des différences de traitement, entre négligence, discrimination et manque de ressources. Jetez un coup d'œil à la Black Mamas Matter Alliance pour plus d'infos (www.blackmamasmatter.org)

Jour 9

Mes pratiques

DESSINER MA VULVE

Derrière le manque flagrant de connaissance se dissimule toute la honte associée à notre sexe, notre vulve. Pourtant, chacune d'entre nous est venue au monde en passant par la porte sacrée, la vulve de notre mère ! Vous pouvez aujourd'hui prendre le temps de dessiner votre yoni, votre vulve, votre vagin, votre utérus, votre clitoris, et vous amusez à le/la personnaliser. Cela peut être par des collages d'imprimés, des mots, des couleurs, des textures. Si vous souhaitez le faire en 3D, vous pouvez vous procurer un bloc d'argile, ou fabriquer vous-même votre pâte à sel (voir page 72).

1- Appropriez-vous votre sexe et faites-en des œuvres d'art.

2- Vous pouvez aussi créer un visionboard en découpant des dessins et illustrations d'artistes déjà existantes.

3- Bref, vous l'aurez compris, laissez libre cours à votre créativité !

mon INVITATION

Les comptes Instagram @duvet_days ; @the.vulva.gallery ou encore le site www.greatwallofvagina.co.uk utilisent l'art pour nous reconnecter à notre anatomie intime. Les portraits de vulve nous permettent aussi de réaliser que chaque vulve est différente, unique et qu'il n'existe pas de norme. Et ça, ça fait du bien !

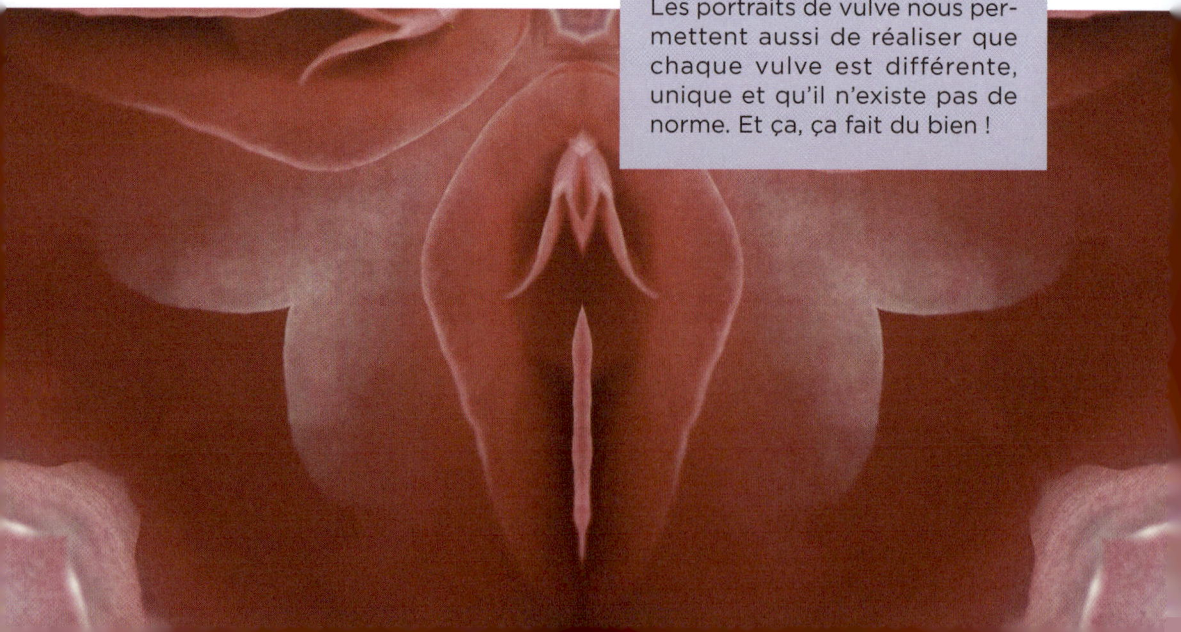

Mon rituel pour honorer ma yoni

Ce dont vous aurez besoin pour cette pratique

- Une bougie et des allumettes ;
- Une musique si vous le souhaitez.

1- Ouvrez votre espace sacré (voir page 14), allumez votre bougie en posant l'intention d'honorer votre yoni.

2- Choisissez la position qui vous convient le mieux : debout, assise, allongée, accroupie...

3- Fermez les yeux, et recentrez-vous. Prenez de grandes inspirations par le nez, et expirations par la bouche. Sur chaque expiration, sentez-vous libre de laisser sortir des sons pour évacuer les tensions présentes.

4- Posez simplement votre attention sur votre respiration, sans la modifier. Observez-la.

5- Puis prenez conscience de votre corps dans sa globalité, qui se laisse traverser par ce souffle de vie, à chaque respiration. Prenez conscience de votre largeur, votre hauteur, votre densité.

6- Et amenez peu à peu votre conscience au niveau de votre bas-ventre et votre yoni. C'est peut-être tout nouveau pour vous ; aussi, soyez indulgentes envers vous-même. Je nous invite vraiment à nous connecter à notre curiosité, et à notre bienveillance. Traitons-nous avec amour et respect.

7- Frottez vos mains l'une contre l'autre, sentez-les se réchauffer. Soufflez au cœur de vos mains une intention pour votre yoni – (amour, guérison)... puis posez-les sur votre vulve, soit à même la peau, soit par-dessus le tissu de votre sous-vêtement, selon ce qui vous permet de vous sentir le plus à l'aise et en confiance.

8- Prenez tout le temps dont vous avez besoin pour l'honorer, ressentir le contact de vos mains avec elle, poser votre conscience sur son existence. Sous vos mains se trouve la source de vie. Notre yoni est un portail sacré.

9- Quand vous vous sentez prête, fermez votre espace sacré.

Jour 10

HONOREZ VOTRE PLAISIR SEXUEL

Il est ancré dans l'inconscient collectif que le rapport hétérosexuel se limite à la pénétration et s'arrête lorsque l'homme jouit ! Même si par la suite l'exploration personnelle peut nous offrir de nouveaux champs des possibles. La jouissance masculine est priorité, et le corps des femmes en est l'objet. Notre plaisir devrait être NOTRE priorité. Cela demande – entre autres – de lâcher prise sur l'orgasme, pour savourer chaque sensation et pour nous connecter à l'instant présent.

Le clitoris, votre organe du plaisir

Le clitoris est le seul organe du corps humain uniquement dédié au plaisir. Longtemps ignoré des études et traités, il a fait sa toute première apparition dans un manuel scolaire seulement en 2017 (merci, les Éditions Magnard !). Cet organe érectile mesure en moyenne entre 8 et 12 cm ; 95 % de cet organe complexe est caché, seul le gland est visible, situé à l'extérieur de la vulve. À lui tout seul, il représente huit mille terminaisons nerveuses (pour avoir une idée, la verge en a cinq mille), on a donc plus de sensations ! Il se gonfle et se gorge de sang sous l'effet de l'excitation, et peut devenir jusqu'à deux fois plus gros qu'à l'état de repos. L'orgasme appelé à tort « vaginal » correspond en fait à celui dû aux stimulations des parties internes du clitoris. Enfin, c'est un organe mobile qui bouge au gré des contractions du périnée pour stimuler le plaisir !

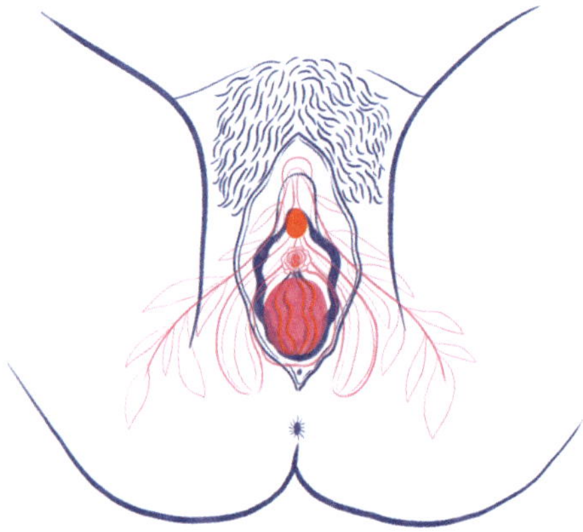

À SAVOIR

Lorsque vous êtes excitée, votre sexe sécrète de la cyprine ou « mouille » (c'est un liquide émis par les glandes de Bartholin, situées de chaque côté de la vulve). La cyprine a une texture, une odeur et une couleur très variables selon la période du cycle menstruel, de la vie (grossesse, ménopause...), de l'alimentation, etc.

ZOOM sur

LA CHARGE SEXUELLE

La charge mentale a été mise en lumière par la dessinatrice Emma, en permettant de prendre conscience de la charge cognitive invisible (toutes les préoccupations et informations que l'on doit traiter) qu'elle soit d'ordre personnel, professionnel ou domestique. La charge sexuelle est une charge mentale supplémentaire pour les femmes, qui englobe l'ensemble des préoccupations que peut représenter leur vie sexuelle : rendez-vous chez le ou la gynécologue, la contraception – avec tous les effets secondaires que ça implique, – le plaisir de son ou sa partenaire, les soins du corps pour se sentir « présentable » et désirable, etc.

La contraception, une cible largement féminine

Fin 1967, l'Assemblée Nationale adopte la loi Neuwirth autorisant la contraception en France. C'est donc à l'époque une avancée majeure pour le droit des femmes à gérer leur corps (autrement que par l'abstinence ou l'avortement clandestin). La pilule est aujourd'hui la méthode contraceptive la plus utilisée en France devant le préservatif masculin ou féminin. On ressent de plus en plus les limites de cette contraception normée et contraignante (effets indésirables, charge mentale, déconnexion de notre cycle menstruel). À quand la contraception partagée ? On connaît encore trop peu les moyens de contraception masculine, comme la méthode thermique, hormonale ou la vasectomie. Un essai clinique cofinancé entre autres par l'OMS pour une pilule masculine a été interrompu pour cause d'effets indésirables, qui sont très proches de ceux de la pilule féminine...
Pour en savoir plus, jetez un coup d'œil sur garcon.link

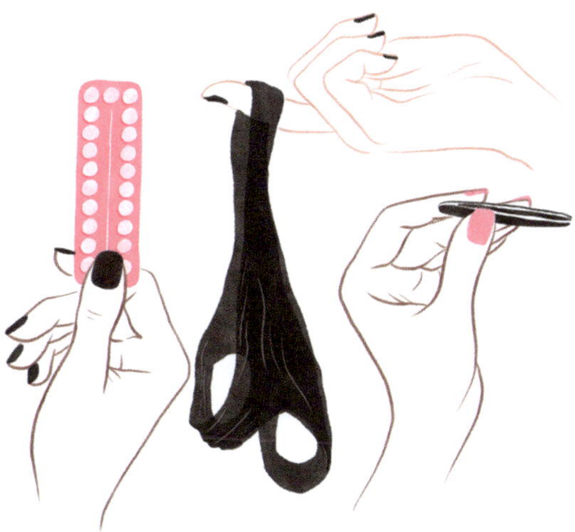

Jour 10

Mes pratiques

MON ÉCRITURE MÉDECINE POUR PRENDRE SOIN DE MON PLAISIR

S'autoriser le plaisir sexuel, c'est aussi s'autoriser le plaisir dans sa vie de manière générale ! Aussi, je propose quelques pistes d'écriture afin de poser la conscience sur les notions de plaisir, d'abondance et de facilité. Il n'y a pas de bonne ou de mauvaise réponse, simplement ce qui est vrai pour vous à l'instant T ; et bien évidemment, cela peut se transformer, rien n'est figé.

1- Ouvrez votre espace sacré (voir page 14), et prenez votre carnet.

- **Voici quelques pistes d'écriture que vous pouvez explorer :** prenez-vous du plaisir dans votre vie sexuelle ? Dans votre vie en général ? Est-ce que vous vous autorisez à recevoir et ressentir le plaisir ? Y a-t-il des émotions que vous associez au plaisir ? (Honte, culpabilité, joie...) Vous autorisez-vous à recevoir ? Ou bien préférez-vous donner ?
- **Qu'est-ce qu'un rapport sexuel pour vous ?** Quand commence-t-il, quand se termine-t-il ? À quoi ressemble votre vie quand vous acceptez de recevoir le plaisir ? Qu'est-ce que vous ressentez en posant la conscience sur tout ça ?
- **Quelle intention choisissez-vous de poser aujourd'hui,** et que pouvez-vous faire pour l'honorer ? Par exemple : « Je pose l'intention de m'autoriser à recevoir le plaisir dans ma vie sous toutes ses formes » = « Je peux m'offrir chaque jour quelque chose qui me fasse plaisir, qui soit sans aucune autre utilité que mon seul plaisir (un temps lecture, un bain...) ».

2- Lorsque vous avez terminé, remerciez-vous et fermez votre espace sacré.

Ma visualisation pour m'autoriser à recevoir

Voici une visualisation pour nourrir votre droit, le plus sacré à recevoir. Sentez-vous libre de l'expérimenter plusieurs fois et d'observer les effets dans votre vie (sexuelle et générale).

1- Ouvrez votre espace sacré (voir page 14) et allumez votre bougie.
2- Installez vous confortablement. Fermez les yeux et prenez quelques respirations pour vous recentrer et vous rendre disponible.
3- Quand vous vous sentez prête, demandez-vous : « Qu'est-ce que je ne m'autorise pas à recevoir ? » Sans mentaliser, laissez simplement monter les sensations, les visions.
4- Puis demandez-vous : « De quoi ai-je peur quand je m'autorise à tout recevoir ? Quel est le scénario qui se présente à moi ? » Essayez de l'accueillir sans jugement, dans l'observation de ce qui est présent pour vous aujourd'hui.
5- Maintenant, visualisez-vous debout, les pieds bien ancrés dans le sol, en contact avec la terre mère, et la tête vers le ciel.
6- Ressentez un fluide doré qui coule depuis le ciel, pénètre par le sommet de votre crâne, passe par le cœur et descend jusque dans vos pieds, et plus profond encore dans les racines terrestres, puis remonte.
7- Quand vous vous sentez remplie de ce liquide chaud, d'amour, de douceur et d'abondance, vous pouvez visualiser que ce fluide émane de vous par chaque pore de votre peau et peut bénéficier aux personnes qui vous entourent. Vous êtes un canal, l'énergie passe par vous pour se manifester dans la matière.
8- Imaginez-vous désormais recevoir tout ce que vous désirez, tout ce qui vous met en joie et vous nourrit. Quelles sensations cela vous procure ? Quelles sont les conséquences positives sur votre entourage et votre environnement ?
9- Placez les mains sur votre cœur et posez l'intention de garder en vous cette sensation, avec la possibilité de vous y connecter aussi souvent que vous en ressentez le besoin.
10- Quand vous vous sentez prête, éteignez votre bougie pour signifier que votre espace sacré est fermé.

Jour 11

SOUVERAINE DANS VOTRE PLAISIR

La masturbation dérange car elle nous offre la souveraineté sur notre plaisir. Elle consiste à créer et s'offrir soi-même son plaisir sexuel. Les femmes ont toujours reçu l'idée selon laquelle le plaisir et les besoins des autres passent avant les leurs. Cette dynamique n'est équilibrée ni pour nous ni pour les autres. Alors pour être en parfaite harmonie, et en toute liberté, sans attache ni attente, il est essentiel d'apprendre à vous offrir en premier : adonnez-vous à la masturbation ! Elle n'est ni sale ni honteuse, à l'image de toute notre sexualité d'ailleurs.

Donnez-vous du plaisir

À l'image de la fontaine, si je donne autour de moi en m'oubliant, je m'assèche et je n'ai plus rien à offrir. Comme l'arbre, qui garde d'abord son énergie pour donner ensuite des fruits, nous avons besoin de nous offrir à nous-mêmes ce dont nous avons besoin, pour nous sentir nourries et disponibles pour les autres. Vous réapproprier votre puissance passe donc par vous offrir, d'abord à vous-même. De cette façon :

- Nous ne reportons pas notre désir sur notre partenaire. Il ou elle n'est pas la source principale de notre plaisir et de notre épanouissement sexuel.

- Nous nous reconnectons avec notre corps, notre intimité, notre droit au plaisir.
- Nous explorons les sensations, celles qui nous procurent du plaisir, celles qui nous sont agréables... et désagréables aussi. Alors vous êtes capables de l'exprimer.
- Nous pouvons cultiver en conscience un environnement qui soit propice à l'exploration. Nous savons ce dont nous avons besoin pour nous sentir en sécurité.
- Nous pouvons créer l'espace pour une sexualité consciente, pour nous éduquer sexuellement.

À SAVOIR

Il existe des films pornographiques féminins, dans lesquels les corps sont « réels » (ici, pas de corps bodybuildés et j'en passe) et les acteurs et actrices consentant(e)s. Découvrez par exemple les films d'Erika Lust.

Jour 11

Mes pratiques

PENSER D'ABORD À MOI

Pour s'autoriser à recevoir, il s'agit d'abord de s'autoriser à se donner à soi-même, et recevoir de soi-même. Et c'est parfois le plus difficile. Je vous propose une pratique tout en douceur, pour vous reconnecter à vos sensations. Ce n'est pas l'orgasme que nous recherchons ici mais bel et bien un réveil du corps et une reconnexion aux sensations.
Avant de commencer, prenez quelques minutes pour questionner votre rapport à la masturbation. Est-ce une pratique qui fait partie de votre vie ou bien avez-vous des résistances ? Lesquelles et pourquoi ?

1- Ouvrez votre espace sacré (voir page 14) et allumez votre bougie. Mettez une musique si vous en ressentez l'envie.
2- Choisissez votre intention pour ce moment. Par exemple, est-ce pour vous donner et recevoir de la douceur, du plaisir, du temps, de l'amour ?
3- Si vous avez des réticences face au mot masturbation, peut-être pouvez-vous identifier à quoi ressemble pour vous une pratique de masturbation. Qu'est-ce qui vous gêne ? Et si, à la place du mot « masturbation », vous choisissez « prendre soin », qu'est-ce que cela transforme pour vous ? Et si vous choisissez que le plaisir et la connexion à l'énergie sexuelle ne passent pas forcément par l'excitation et la sollicitation de notre intimité sexuelle ?
4- Explorez votre corps en vous connectant à vos sensations physiques, au toucher, aux odeurs. Vous pouvez par exemple vous masser avec une huile végétale. Vous pouvez créer une ambiance cocooning, avec une jolie lumière, un environnement qui vous fait vous sentir bien. Vous pouvez utiliser une plume, ou un canard vibrant, ou tout objet qui vous appelle pour explorer votre peau et sentir les effets.
5- Soyez à l'écoute de vos envies et de vos limites. Ne forcez rien, recevoir c'est aussi recevoir votre bienveillance et votre écoute de vous-même.
6- Si vous ressentez l'envie d'aller vite, respirer en conscience vous aidera à rester connectée au moment présent et à votre corps (sans que le mental prenne le dessus).
7- Vous pouvez aussi expérimenter le son et le mouvement pour vous accompagner dans cette exploration. Ils permettent de faire circuler l'énergie dans le corps, et là encore, de vous connecter aux sensations et à l'instant présent.
8- Quand vous sentez que votre pratique prend fin, je vous invite à prendre le temps de vous remercier ; de vous connecter aux sensations que vous vous êtes permis de ressentir. Puis, clôturez votre espace sacré.

mes ASTUCES

La lenteur vous permet de nourrir l'intimité avec votre corps, d'en prendre soin. Offrez-vous le temps de vous caresser, de vous connecter à vos sensations. Prendre le temps de ressentir nous permet de nous sentir plus réceptives au plaisir.

Jour 12

AMPLIFIEZ VOTRE ÉNERGIE SEXUELLE

Au-delà de la notion de plaisir, l'énergie sexuelle est une énergie vitale et de création.
Quand vous nourrissez et contactez cette énergie, elle peut vous stimuler pour créer et vous connecter à la vie, à vos envies profondes.

Ouvrez vos énergies sexuelles

S'ouvrir énergétiquement permet la rencontre des énergies sexuelles. Rappelez-vous : chacune de nous est le fruit de l'alchimie de deux énergies sexuelles, une énergie féminine et une énergie masculine (voir page 9). Nos organes sexuels sont à l'image du principe féminin en toute chose : réceptifs. Le vagin reçoit activement par la sollicitation des muscles du périnée. L'utérus est l'espace sacré d'où l'on vient, où tout naît. L'énergie féminine est alors accueil, ouverture et réceptivité : elle est souvent représentée comme un serpent lové dans le premier chakra (chakra racine) – qui nous assure ancrage et sécurité – et s'élève le long de la colonne vertébrale. Elle est appelée la *Kundalini Shakti*. Pour ouvrir vos énergies sexuelles, il faut donc que vous vous sentiez en sécurité. Vous avez des craintes, des angoisses ? L'énergie du feu est un allié pour vous en libérer.

À SAVOIR

Nous avons intégré une sexualité dans le faire plutôt que dans l'être. Pourtant, spiritualité et sexualité sont liées. Elles sont l'expérience de la conscience en alchimie avec notre forme physique. Les deux approches majeures de la sexualité « conscientes » nous viennent d'Orient, avec les pratiques taoïstes et tantriques. Toutes les deux proposent une vision holistique du corps et une approche spirituelle de la sexualité pour se vivre en conscience. Elles sont connectées à notre énergie de vie.

ZOOM sur

LA MÉDECINE DU FEU

Le feu serait le premier élément, à l'origine de toute matière. C'est le seul élément que l'on ne peut pas polluer. Le feu détruit, transforme et crée. À l'image d'un volcan ou d'un phénix, le feu réduit tout en cendres, fertilise pour permettre à quelque chose de nouveau d'émerger. C'est aussi l'élément associé à l'archétype de l'enchanteresse, celle qui « alchimise », transmute, guérit. C'est l'élément de l'énergie vitale, de notre potentiel créatif.

La médecine du feu s'offre à nous au quotidien : un bain de soleil, un feu de cheminée, un plat qui cuit ou qui se réchauffe, une tasse de notre boisson chaude préférée, une bougie allumée, fumigation. Vivre un moment en conscience, et simplement poser l'intention de recevoir la médecine du feu en se connectant à son énergie permet de nous connecter aussi à notre feu sexuel et notre soif de vie ; il nous connecte directement au plaisir et à l'élan vital.

Le feu peut effrayer, on peut craindre qu'il ne nous consume. Il nous demande d'apprendre à le canaliser.

Jour 12

Mes pratiques

TRANSMUTER MES PEURS

Je vous propose de vous connecter à l'énergie du feu et sa médecine pour un rituel de libération et de guérison.

Matériel :
- Une bougie et des allumettes ;
- Des bouts de papier ;
- Un stylo ;
- Un pot qui ne craint pas la chaleur.

- Ouvrez votre espace sacré (voir page 14) et allumez votre bougie, en conscience.
- Posez l'intention pour votre rituel : par exemple, la libération de vos peurs et de vos blocages, de vos émotions denses... (liées à votre sexualité ou à votre vie en général).
- Observez la flamme de la bougie, ou de votre feu ; abandonnez-vous à la contemplation de cette énergie de vie, que vous portez en vous. Puis laissez monter ce qui vous entrave en ce moment. Quelles sont les peurs, les blocages – les émotions qui vous empêchent de vivre votre vie pleinement. Laissez venir, et noter chaque élément sur un bout de papier.
- Ensuite, demandez au feu de vous accompagner, et de libérer ces peurs, blocages, émotions pour les transmuter et vous permettre de créer votre vie comme vous en avez envie.
- Prenez le premier bout de papier, lisez à voix haute « je me libère de la peur/la croyance/l'émotion + (ce que vous avez noté) » et soufflez cette intention sur le papier. Puis enflammez le bout de papier, et observez cette peur se dissoudre, se désagréger sous vos yeux, au-dessus de votre récipient qui récolte les cendres. Visualisez la situation se transformer.
- Répétez l'opération avec chaque bout de papier.

- Prenez quelques instants pour apprécier cette sensation de paix, de légèreté.
- Vous pouvez prendre votre carnet et écrire : qu'est-ce qui devient possible, maintenant que (telle peur/tel blocage/telle émotion) est libéré(e) ?
- Lorsque vous avez terminé, éteignez votre bougie en remerciant le Feu de vous offrir sa médecine, et de vous connecter à la gratitude que la transformation est déjà accomplie.
- Avec les cendres récoltées, vous pouvez choisir de les rendre à la Terre par exemple, pour qu'elle les recycle ; ou bien les offrir au Vent qui va les disperser ; ou encore dans une rivière, dans l'océan, à la pluie pour les nettoyer.

Jours 13-14

VOTRE BASSIN, LE CENTRE DE VOTRE INTIMITÉ SEXUELLE

Notre bassin est le siège de nos énergies féminines et de notre énergie vitale. C'est dans cette zone que se situent notre intimité sexuelle, notre centre de gravité et notre chakra racine. Faire des mouvements dans notre bassin nous permet de nous connecter à toute cette zone et à tout ce qu'elle représente. Vous pourrez alors dénouer petit à petit les tensions cumulées. Habitons-le pleinement !

Libérez votre bassin de ses tensions

Dans notre bassin se logent des mémoires, celles de notre passé et de nos lignées, parfois empreintes d'oppression et de violence. Parce qu'il est la zone dans laquelle se trouvent nos organes sexuels, notre bassin est directement relié à nos émotions refoulées, notamment la honte et la culpabilité associées au tabou de la sexualité. Même si l'on n'a pas soi-même vécu de violence, nous portons en nous une partie de toutes les violences dont les femmes sont victimes depuis des millénaires. Il est aussi le siège de nos tensions et de notre fatigue. C'est donc une zone qui peut se retrouver très rigide. Aussi, on peut aisément comprendre l'intérêt à poser la conscience sur notre bassin, le mettre en mouvement et l'éveiller.

À SAVOIR

Dans cette zone du bassin se trouve le périnée, un ensemble complexe d'aponévroses et de muscles, organisé en trois plans : superficiel, moyen et profond (aussi appelé diaphragme pelvien). Il entoure l'urètre, le vagin et l'anus et soutient les organes internes (vessie, utérus, rectum). On peut le visualiser comme un hamac ou un trampoline qui amortit la pression. Il joue un rôle essentiel dans la posture et la respiration. Il fonctionne en synergie avec le diaphragme.

ZOOM sur

LE CHAKRA RACINE

Chakra en sanskrit signifie « roue de lumière » : les chakras sont des centres d'énergie dans le corps. On en compte sept principaux qui se concentrent le long de notre colonne : les chakras racine, sacré, plexus solaire, cœur, gorge, troisième œil et couronne.

Le premier est le chakra racine, il se situe entre l'anus et les organes génitaux, à la base de notre colonne vertébrale, en lien direct avec notre périnée. Il influence donc toute la zone du bassin. Le chakra racine représente nos besoins de base, l'ancrage à la terre et à la réalité matérielle mais aussi au moment présent, l'ici et maintenant.

Sa couleur est le rouge, couleur du centre de la terre, du sang – fluide de vie présent dans tout notre corps. Les enfants sont naturellement connectés à ce chakra, ils écoutent leurs besoins, sont proches de la nature, confiants dans la vie, sans inquiétude, dans l'instant présent.

- Quand il est sous-actif, nous pouvons nous sentir en colère, en insécurité, parce qu'il révèle que nos besoins les plus essentiels ne sont pas satisfaits.
- Quand il est harmonieux, il nous apporte confiance, sécurité émotionnelle et stabilité physique. Il nous offre un ancrage énergétique et une vitalité. C'est la base sur laquelle sont posés tous les autres chakras. On comprend alors aisément à quel point il est essentiel !

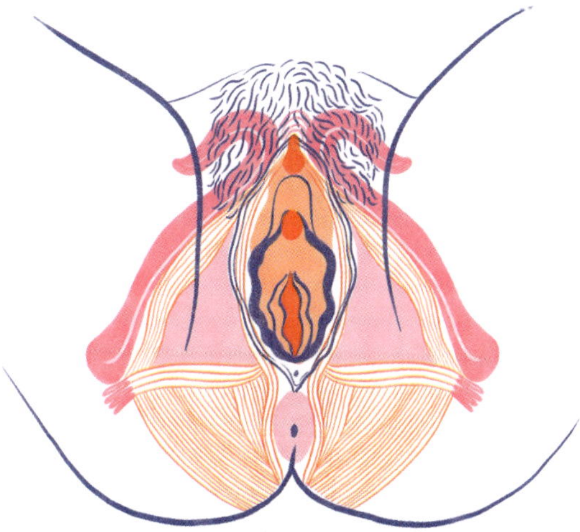

Jours 13-14

Mes pratiques

MA PRATIQUE POUR ÉVEILLER MON BASSIN ET ME RELIER À MON FEU INTÉRIEUR

Pour cette pratique, je vous propose de vous mettre nue sous une grande jupe, à moins que vous ne préfériez le faire toute nue. Prévoyez un tissu sur lequel vous asseoir. Si vous avez un tissu rouge, cela vous permettra de vous connecter à l'énergie du chakra racine. Si vous avez un jardin à l'abri des regards, sentez-vous libre d'expérimenter au contact direct de la terre.

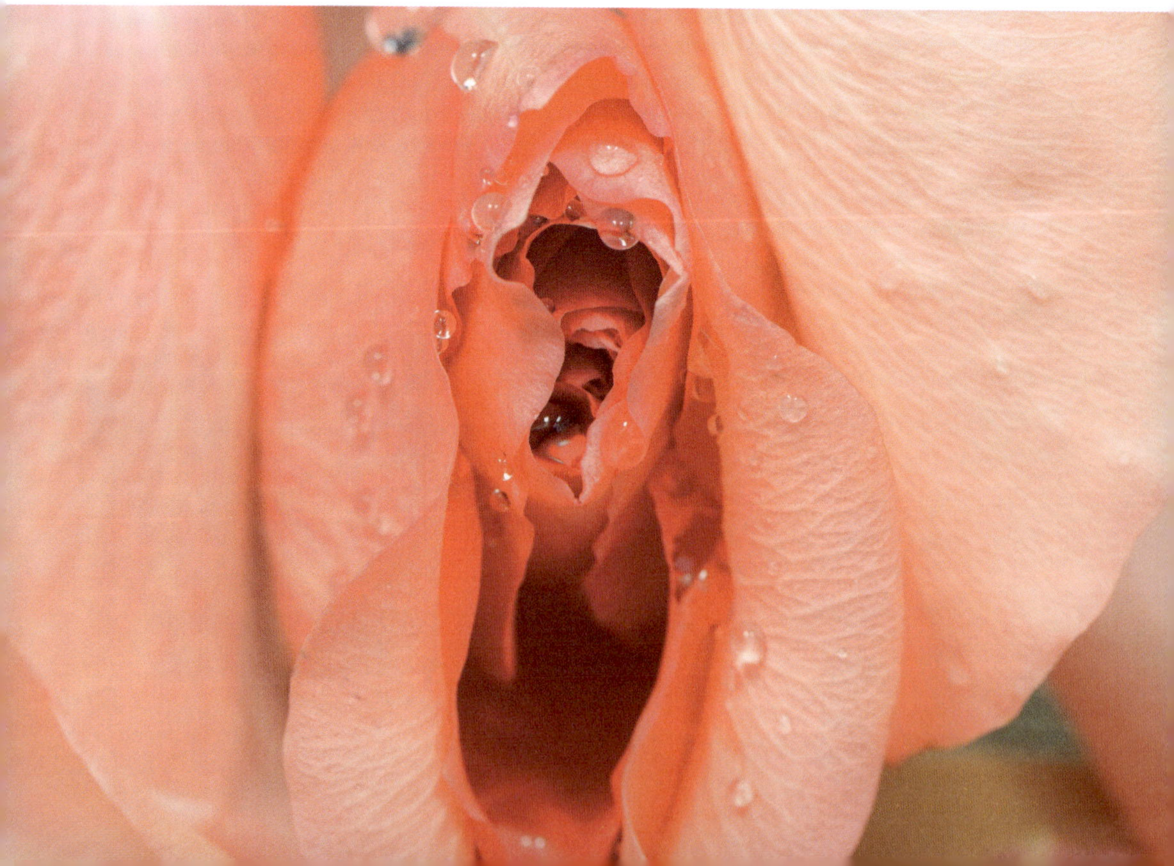

- Ouvrez votre espace sacré (voir page 14) et allumez votre bougie, en posant l'intention de vous connecter à l'énergie du feu, cet élan vital, cette énergie originelle, en vous.
- Choisissez une musique qui vous appelle. Pour cette pratique, une musique avec des percussions peut vous aider à ressentir l'énergie de la terre.
- Asseyez-vous en tailleur, les mains posées sur vos genoux, votre sexe en contact avec la terre, les ischions en contact avec le sol. Visualisez une énergie rouge du centre de la terre monter jusqu'à votre yoni et venir se lover dans votre chakra racine. C'est l'énergie originelle, celle qui crée tout ce qui existe sur terre.
- Connectez-vous à son énergie, son mouvement, sa couleur rouge, sa chaleur et autorisez-la à s'amplifier. Vous n'avez pas peur qu'elle ne vous consume, vous vous sentez en confiance pour la canaliser. Elle est dans votre bassin, que vous pouvez visualiser comme une coupe, un récipient.
- Connectez-vous à son mouvement, et commencez à bouger votre bassin. Cela peut être d'abord des cercles, vous balancer d'avant en arrière, de gauche à droite. Écoutez-vous et explorez votre bassin par le mouvement. Laissez le mouvement circuler dans tout votre corps ; n'hésitez pas à vous pencher en avant, que votre colonne vertébrale soit fluide et souple.
- Quand vous sentez que vous êtes connectée à votre feu intérieur, revenez au centre, le dos droit, le menton légèrement rentré pour ne pas casser la nuque. Mettez-vous à l'écoute de vos ressentis. Visualisez, ressentez comme votre bassin est un bassin de vie.
- Peut-être des images vont venir à vous, des envies. C'est l'énergie vitale qui demande à se manifester dans la matière à travers vous. Imprégnez-vous-en. Quelles actions pouvez-vous poser aujourd'hui pour les honorer et les ancrer dans la matière ?
- Avant de fermer votre espace sacré, prenez le temps de revenir à cette énergie, ce feu originel en vous. Peut-être ressentirez-vous le besoin de le visualiser connecté entre votre chakra racine et celui du cœur par exemple. Soyez à l'écoute de vos besoins.
- Quand vous vous sentez prête, fermez votre espace sacré.

Semaine 3
REDÉCOUVREZ **VOTRE DIMENSION SACRÉE**

Brooke Medicine Eagle, femme sage amérindienne, ou encore Vicky Noble, autrice et guérisseuse américaine, affirment que le corps féminin est l'outil chamanique le plus puissant de la planète. Et pour cause ! Notre corps nous permet d'expérimenter le cycle de vie – déclin, mort, renaissance – chaque mois et à l'échelle de notre vie. Je vous invite ici à poser un regard nouveau sur notre corps en nous ouvrant à sa dimension sacrée.

Jour 15

NOTRE UTÉRUS, PORTAIL ENTRE LES MONDES SUBTIL ET TANGIBLE

Notre utérus est notre matrice sacrée. Il est le seul organe capable de créer un autre organe (le placenta), le seul aussi à faire couler le sang sans violence (même si ce n'est pas toujours sans souffrance). Notre corps de femme est source de sagesse et de puissance !

L'utérus, le chaudron alchimique du Féminin

Chaque mois, notre corps se fait le théâtre de dominantes énergétiques qui nous connectent directement au cycle lunaire et à celui des saisons, via notre cycle menstruel. Nous avons la connaissance intuitive des énergies de vie - croissance - déclin - mort, nous les portons dans notre ventre*. Chaque mois, nous mourons pour renaître, déchargée de ce qui ne nous sert plus. Notre cyclicité est l'incarnation de notre capacité et force de résilience. Vous l'aurez compris, l'utérus est le « chaudron alchimique » de la femme. C'est aussi le siège de sa créativité et c'est également ici que sont stockées les mémoires transgénérationnelles – les blessures concernant sa féminité. Il est le lieu de fécondité, pour un bébé, mais aussi pour un projet. C'est ici que se loge notre puissance créatrice, que se rencontrent les énergies pour créer à partir du néant. Il paraît même que l'ovule qui nous a donné naissance était déjà dans les cellules de nos grands-mères !

mon MANTRA

« Mon utérus est ma matrice sacrée, mon antre alchimique. Je porte en moi les rythmes et les énergies de l'Univers. Je suis un portail entre les mondes subtil et tangible, un canal unique et sacré. »

* Même si l'on a subi une hystérectomie, que l'on a des aménorrhées, que l'on est enceinte ou en attente de son retour de couche, ménopausée...

ZOOM sur

LES 4 ARCHÉTYPES DU CYCLE FÉMININ

De l'adolescence à la ménopause, nous traversons chaque mois 4 énergies représentées par quatre archétypes, libérées pendant notre cycle menstruel. Ces archétypes sont une merveilleuse façon de saisir les énergies que nous portons en nous. Vous êtes toutes concernées, que vous soyez ménopausées, enceintes, ou même que vous ayez subi une hystérectomie... Ça n'enlève en rien la connexion avec votre matrice sacrée.

La jeune fille : « Je jouis des plaisirs de la vie et je sème les graines de mes rêves. » Elle correspond à la phase folliculaire ou préovulatoire pendant laquelle le corps produit des œstrogènes. Elle incarne la renaissance, le début d'un cycle nouveau, et avec lui tous les possibles ! C'est le moment idéal pour poser nos intentions, semer les graines de ce que l'on a envie de voir fleurir dans notre vie. Concrètement, c'est la phase du cycle pendant laquelle vous êtes le plus dynamique et efficace sur le plan mental (concentration, mémorisation).

La mère : « Je rayonne de plénitude et nourris les rêves. » Elle correspond à la phase ovulatoire pendant laquelle l'un de vos deux ovaires libère un ovule. La mère nous invite à habiter pleinement notre corps et à rayonner de plénitude et d'amour. Nous sommes alors disponibles pour partager cet amour et nourrir les graines semées autour de nous. C'est la phase du cycle pendant laquelle on est plus tolérante vis-à-vis des divergences de points de vue. Du coup, la communication est fluide et facile, on est à l'écoute des besoins des un(e)s et des autres.

L'enchanteresse : « Je récolte, je crée pour libérer mes énergies. » Elle correspond à la phase prémenstruelle, pendant laquelle l'ovule se déplace jusque dans l'utérus. Elle porte en elle les énergies destructrices et créatrices (il peut y avoir fécondation ou non). Le voile entre les mondes visible et invisible se fait plus fin. Elle est plus connectée au monde subtil, d'où sa sensibilité à fleur de peau : créer permet alors de libérer les énergies et d'évacuer la tension, quitte à détruire ensuite (on sera rarement satisfaite de ce que l'on aura créé).

La femme sage : « J'épure pour ne garder que l'essentiel, je me régénère. » Durant cette phase menstruelle la couche superficielle de l'endomètre se désagrège. Notre utérus évacue ce qui n'a pas été utilisé pour créer la vie. Il fait le vide pour accueillir le nouveau cycle. La femme sage hiberne, se retire du monde pour intégrer le cycle achevé. C'est une période de transition propice au bilan et à l'introspection... Nos pensées se font plus claires, nos sensations plus fortes, nos rêves plus connectés. Nos intuitions sont à leur paroxysme et nous offrent une perception plus subtile du monde.

Jour 15

Mes pratiques

POUR ME CONNECTER À MON UTÉRUS

Je vous invite à créer votre utérus dans la matière pour le visualiser, l'honorer et prendre conscience de la magie que vous portez en vous – que vous ayez encore votre utérus ou non.

Matériel :

- Une bougie et des allumettes ;
- Une musique calme (vous pouvez en choisir une pour chaque archétype) ;
- De la pâte à sel ou un bloc d'argile.

La recette de la pâte à sel

- 1 verre de sel fin ;
- 2 verres de farine ;
- 1 verre d'eau tiède.

1- Pour la pâte à sel : mélangez d'abord le sel et la farine, puis ajoutez l'eau tiède et mélangez jusqu'à obtenir la consistance d'une pâte. Elle s'utilise immédiatement et aura besoin de sécher à l'air libre 48 heures maximum, avant de passer au four en cuisson lente (plus l'objet est volumineux, plus la cuisson sera longue).

2- Ouvrez votre espace sacré (voir page 14), allumez votre bougie et lancez votre musique.

3- Posez l'intention de vous relier avec votre utérus et d'honorer cette matrice sacrée dont vous êtes porteuse.

4- Faites silence en vous, lâchez le bruit du mental et recentrez-vous pour vous connecter au moment présent.

5- Prenez votre bloc d'argile ou de pâte à sel, et modelez votre utérus.

6- Fermez votre espace sacré en conscience et en éteignant la bougie. Que ressentez-vous en l'observant ? Qu'avez-vous expérimenté pendant sa création ?

Ma pratique pour créer ma roue de médecine

Je vous invite à créer votre roue de médecine, en y représentant les 4 archétypes et en symbolisant les énergies qui y sont liées. Laissez libre cours à votre créativité.
Si vous n'êtes pas ou plus réglée, vous ne ressentirez sans doute pas les énergies au même rythme qu'une femme réglée, mais elles vous traverseront bel et bien !

Matériel :

- Une bougie et des allumettes ;
- Une musique calme (vous pouvez choisir en amont une musique pour chaque archétype) ;
- Une grande feuille ou un tableau en liège ;
- Des crayons de couleur, masking tape, photos, mots, tout ce qui peut vous permettre d'exprimer votre créativité ;
- Un crayon ou feutre jaune, rouge, noir ou bleu marine, blanc.

1- Ouvrez votre espace sacré (voir page 14), allumez votre bougie et lancez votre musique.

2- Posez l'intention de créer votre roue de médecine, pour symboliser votre cyclicité.

3- Faites silence en vous, recentrez-vous pour vous connecter au moment présent.

4- Tracez un cercle, dans lequel vous pouvez distinguer quatre parties, pour les quatre directions : le nord, l'est, le sud et l'ouest.
- Au nord se tient la femme sage : lune noire-hiver-blanc-terre
- À l'est, la jeune fille : lune croissante-printemps-jaune-air
- Au sud siège la mère : pleine lune-été-rouge-eau
- À l'ouest se trouve l'enchanteresse : lune décroissante-automne-noire-feu

5- Vous pouvez ajouter des images de paysages que vous évoquent les quatre archétypes : les saisons, les lunes, les couleurs, les énergies.

6- Interrogez-vous ; vous sentez-vous davantage reliée à l'un des quatre archétypes en ce moment ? Comment vous sentez-vous devant cette représentation de la cyclicité que vous incarnez ?

7- Fermez votre espace sacré, en conscience et en éteignant la bougie.

Jour 16

POSEZ UN AUTRE REGARD SUR VOS RÈGLES

Chaque mois, depuis l'adolescence jusqu'à la ménopause, nous vivons une mort et une renaissance. Un processus de transformation puissant, dont nous n'avons pas forcément conscience : il s'agit de nos règles. Pourtant, la société véhicule une image de nos règles dégradante, un fluide qu'il faut cacher, une odeur qu'il faut masquer. Des injonctions à faire en sorte que cette période de notre cycle passe inaperçue.

Le phénomène menstruel

« Le tabou menstruel fut [...] l'une des méthodes les plus réussies parmi celles inventées par les hommes pour miner chez les femmes l'acceptation de soi et la confiance en soi. » Vicky Noble, *La Femme shakti*, Éditions Vega, p. 49.

La durée moyenne de notre cycle est de vingt-huit jours, mais il varie d'une femme à l'autre ! Tout se passe dans notre utérus... La muqueuse qui recouvre ses parois s'appelle l'endomètre, elle s'épaissit jusqu'à l'ovulation. S'il n'y a pas fécondation, alors la couche superficielle de l'endomètre se désagrège avec l'ovule. C'est ce qui donne le sang menstruel. Notre corps fait le ménage de lui-même une fois par mois, pour accueillir le nouveau cycle à venir.

À SAVOIR

Le mot tabou au sens le plus archaïque du terme signifie « sacré ». Dans certaines traditions autour du globe, les femmes ont l'obligation de quitter leur domicile pendant qu'elles saignent, ce qui les rend plus vulnérables et plus exposées au manque d'hygiène. Cela pose aussi l'enjeu de l'éducation et la scolarisation des filles.

Honorez vos règles

Nos règles sont un temps de profonde connexion au subtil et de nettoyage physiologique mais aussi psycho-émotionnel et énergétique. Incarner notre féminin sacré passe également par incarner nos cycles. Il est temps de proposer une autre vision de nos lunes (voir page 78), et de rendre leur caractère sacré :

- Chaque mois, l'utérus se défait de l'endomètre – comme un serpent se dépouille de sa peau. Les lunes sont un temps sacré pour laisser partir en conscience ce qui n'a plus lieu d'être. Nos règles nous invitent à créer l'espace pour accueillir le nouveau.
- Le temps des lunes est un temps sacré pour honorer la sagesse dont nous sommes porteuses, en nous mettant en état de réceptivité, à l'écoute de ce qui, en nous, demande à émerger (voir page 80).

Jour 16

Mes pratiques

MON ÉCRITURE MÉDECINE POUR PRENDRE CONSCIENCE DE MES RÈGLES

Je vous invite à poser l'attention sur le rapport que nous entretenons avec nos menstruations.

Matériel :
· Une bougie et des allumettes ;
· Une musique calme (vous pouvez en choisir une pour chaque archétype) ;
· Votre carnet et un stylo.

1- Ouvrez votre espace sacré (voir page 14), allumez votre bougie et lancez votre musique.
2- Faites silence en vous, lâchez le bruit du mental et recentrez-vous pour vous connecter au moment présent.
3- Sur votre carnet, je vous invite à répondre à ces quelques questions :
  · Comment avez-vous vécu vos premières règles ? Comment ont-elles été accueillies dans votre famille ? Quels souvenirs en gardez-vous, quelles sensations ?
  · De quelle manière les femmes de votre famille en parlent, avec quels mots ?
  · Quel rapport entretenez-vous avec le sang de vos règles aujourd'hui ? Vous sentez-vous à l'aise, dégoûtée ? Comment vivez-vous vos règles aujourd'hui ? Ressentez-vous des douleurs particulières ? Est-ce que vous en parlez ouvertement autour de vous ou restez-vous discrète ?
  · Vous sentez-vous prête à transformer votre regard sur vos règles ?
4- Vous pouvez écrire votre intention dans votre carnet, pour signifier l'engagement envers vous-même, signifier que vous êtes prête (si vous l'êtes).
5- Fermez votre espace sacré et éteignez votre bougie.

Mes pratiques pour honorer le sang de mes règles

Le sang des règles est constitué de cellules souches, fluide vibratoirement le plus élevé de la planète. C'est un sacrifice qui ne prend aucune vie, le seul sang qui coule sans violence, donné librement.

Je vous propose ici quelques pratiques pour honorer le sang de vos règles. Honorer ce dont votre corps n'a pas besoin pour créer la vie. Cela implique de recueillir notre sang (cup menstruelle ou l'eau dans laquelle vous faites tremper votre lingerie menstruelle...)

En offrande à la Terre Mère

Vous pouvez offrir votre sang à la terre, en le déposant dans un endroit qui a du sens pour vous, en conscience. Une manière d'exprimer votre gratitude, en lui rendant ce dont votre corps n'a pas eu besoin pour créer la vie. Le sang peut être vu comme le messager de vos rêves. En le déposant à la terre, posez l'intention qu'avec lui se déposent vos rêves, que la terre mère va recycler ce qui n'a pas servi pour créer d'une autre manière. Vous pouvez aussi le diluer dans de l'eau et vous en servir pour arroser vos plantes (et observer les effets !).

En dessinant

Vous pouvez créer avec votre sang ! Dessiner, peindre, réaliser des photographies, des peintures corporelles. La couleur du sang menstruel brunit très vite, par oxydation. Si vous avez envie d'immortaliser la couleur rouge, prenez votre création en photo aussitôt.

En recyclant

Sur son blog *passionsmenstrues*, Jack Parker propose même d'en faire un spray antiagression.

Jour 17

HONORONS NOS LUNES SACRÉES

La période des règles est sacrée. C'est un temps de nettoyage, de repos, de transition entre la fin d'un cycle et le début d'un autre. Aujourd'hui, dans notre société, ce temps n'est pas reconnu ni respecté. En tant que femme, nous avons non seulement le droit mais aussi la responsabilité de nous nourrir et de nous honorer d'abord, pour pouvoir ensuite offrir notre médecine personnelle au monde.

Un don de vision

Le temps des lunes est un temps de vision, d'intuition, de connexion profonde à soi, en lien avec le monde subtil. Pour recevoir nos visions, nous sommes invitées à ralentir, faire silence, accueillir le vide créateur. Un temps pour ne rien faire, apprendre à accueillir ce qui est présent et être. Être pour que se transforme et s'aligne notre faire.

À SAVOIR

Chez certains peuples amérindiens, les femmes se retiraient ensemble pour recevoir leurs intuitions, dont la sagesse servirait ensuite toute la communauté (Moon Lodge). Elles ne sont pas purifiées pendant les cérémonies sacrées, parce que leurs lunes sont en elles-mêmes un processus de nettoyage.

- Le temps des lunes est un temps de contemplation ET de repos. C'est le moment de nous reposer, nous ressourcer et régénérer notre énergie pour le cycle à venir ; c'est comme faire son stock d'énergie pour le cycle à venir. Si nous ne l'honorons pas, nous nous épuisons. Aussi, je vous invite à ralentir, déléguer, réduire les sollicitations pour vous reposer.
- Les règles sont un temps de nettoyage, physiologique, mais aussi émotionnel et énergétique, qui invite à l'acceptation de ce qui a été, à la paix et au pardon. Il nous invite à laisser partir ce qui a été ; afin de créer l'espace pour accueillir ce qui demande à émerger.

Mes pratiques pour me rendre réceptive

Certains outils, médiums, sont de véritables soutiens pour nous mettre à l'écoute de nos intuitions et de nos vérités profondes. En voici quelques-uns :

- **L'écriture médecine :** écriture libre et intuitive, pour laisser sortir ce qui est présent. Quel est le bilan du cycle qui s'achève ? Qu'avez-vous vécu ? Qu'avez-vous accompli ? Pourquoi avez-vous de la gratitude (concernant le cycle qui s'achève) ?
- **Les cartes oracle :** vous pouvez réaliser un tirage de cartes, en posant une question ou simplement en demandant la guidance que vous avez besoin de recevoir.
- **La bibliomancie :** ouvrez un livre, celui qui vous attire. Ouvrez une page au hasard, et lisez-en un extrait. Il y a de fortes chances pour qu'il résonne en vous.
- **La visualisation :** vous pouvez par exemple visualiser que vous allez rencontrer votre femme sage, lui poser une question et recevoir sa réponse.
- **Le rêve :** de quoi rêvez-vous en ce moment ? Ce peut être le rêve une fois endormie, ou bien ce dont vous rêvez pour votre vie.

Jour 17

Mes pratiques

MA RETRAITE MENSTRUELLE

Pour honorer pleinement ce temps sacré, je vous invite à créer votre retraite menstruelle. Chaque mois, offrez-vous un temps pour accueillir pleinement cette transition, plonger dans vos ventres, vos « bols médecine ». L'idée est de calmer l'agitation, créer le vide, ralentir, déléguer un maximum.

1- Nous nourrir

- Mangez une cuisine qui soit facile à digérer afin de laisser le corps au repos : c'est une manière de préserver votre énergie.
- Dormez. Le sommeil est essentiel pour nourrir votre corps.
- Rêvez (endormie ou éveillée). Le temps des lunes est aussi appelé le temps du rêve, pour accueillir vos visions, vos vérités profondes. Vos rêves contiennent votre médecine, c'est la terre qui communique avec vous dans votre langage.

2 - Recevoir

- Déléguez au maximum (repas, tâches ménagères, déplacements...) ou organisez-vous pour avoir le moins de choses à réaliser pendant vos lunes et vous défaire du maximum de charge mentale.
- Demandez de l'aide à votre entourage ; partagez que vos lunes arrivent, que vous avez besoin de repos pour être disponible pendant votre cycle à venir.
- Autorisez-vous. Recevoir, c'est avant tout se donner à soi-même, et s'autoriser à se faire passer en premier.
- Écoutez-vous. Mettez-vous à l'écoute de vos besoins, quel est le besoin à honorer à chaque instant ?

> **mon INVITATION**
>
> Aménorrhée, hystérectomie, enceinte, ménopausée, retour de couche... Vous avez aussi le droit de prendre quelques jours pour vous reposer, vous nourrir et vous honorer !

3 - Ralentir

- Si vous cuisinez, prenez votre temps, faites-en un temps méditatif, en conscience.
- Ralentissez votre rythme, de manière générale, et tentez de mettre de la conscience sur ce que vous faites, comment vous vous sentez. Rendez vous disponible, à l'écoute de vous-même.
- Offrez-vous le luxe de ne faire qu'une seule chose à la fois, pour être pleinement présente.
- Décalez vos rendez-vous pour les jours qui suivent vos règles (énergie dynamique de la jeune fille ou celle de la mère).
- Si vous le pouvez, posez un jour de congé.

4 - Créer le vide

- Préparez des repas en amont ou bien commandez un repas livré à domicile.
- Déconnectez-vous des réseaux sociaux, voire du téléphone et d'Internet selon ce qui vous semble faisable. Offrez-vous le cadeau de préserver votre énergie au lieu de la disperser.
- Évitez les sollicitations – lecture, film, podcast – pour vous mettre à l'écoute de ce que VOUS pensez et ressentez.
- Supprimez vos *to-do list* ou en tout cas rangez-les.

Jour 18

RÉAPPROPRIONS-NOUS NOTRE ENFANTEMENT*

Aujourd'hui, la majorité des femmes enfantent en milieu hospitalier avec parfois – voire souvent – une surmédicalisation et des interventions non nécessaires. L'accouchement est appréhendé comme un danger potentiel, qui conduit à une infantilisation des femmes sous couvert de protection, de sécurité. Pourtant, depuis la nuit des temps, les femmes enfantent ! Nous nous sommes déconnectées de la puissance de ce temps sacré.

Choisissez votre accouchement

Une femme enceinte est un portail entre le monde subtil et le monde tangible. Elle porte en elle la vie, et lui permet de grandir. Elle n'est pas disponible pour les autres, toute son énergie passe dans la vie qu'elle crée, porte et nourrit. Nous enfantons nos bébés depuis que le monde est monde, et aujourd'hui notre souveraineté s'incarne jusque dans notre confiance dans nos corps à traverser ce rite initiatique. Whapio et Karine de Quantik Mama, sont deux figures majeures qui incarnent ce que l'on appelle le nouveau paradigme des naissances. C'est une approche scientifique ET quantique, mêlant tangible et subtil, scientifique et sacré.

* La grossesse et la maternité ne sont pas des passages obligés pour goûter au sacré dont nous sommes porteuses. Et il est selon moi nécessaire d'apporter du sacré dans ce qui constitue l'un des rites de passage les plus puissants de la femme, que l'on choisisse de le vivre ou non.

À SAVOIR

Notre corps SAIT faire. Quand nous connaissons nos besoins, nous n'avons alors pas besoin d'intervention médicale (sauf pathologie ou complication). Il existe d'autres façons d'accueillir son bébé que la maternité « classique » : AAD (accouchement à domicile) avec sage-femme, ANA (accouchement non assisté), maison de naissance, salle nature… Aucune n'est bonne ou mauvaise, mais il est essentiel d'en être informée pour pouvoir faire le choix qui vous correspond ! Le CDAAD (collectif de défense pour l'accouchement à domicile) se veut aussi le défenseur de la liberté de choix ! (www.cdaad.org)

L'ocytocine, l'hormone du plaisir

De fortes émotions traversent une femme enceinte, des interrogations, des peurs. Elle a besoin de se sentir vue, entendue, accueillie dans tout ce qu'elle ressent, sans que ce soit remis en question. Elle a besoin d'attention, de soutien, de présence et de respect.
L'ocytocine est probablement la *queen* des hormones pour l'enfantement. Elle est celle que l'on sécrète pendant l'acte sexuel et c'est elle qui permet au processus de l'enfantement de se faire intuitivement. Voici quelques conditions pour la sécréter :

- se sentir en sécurité, loin des regards ;
- se sentir dans son intimité – lumière tamisée, calme ;
- se sentir aimée – des mots doux ;
- se défaire du mental : le néocortex doit se mettre en mode *off*.

Jour 18

Mes pratiques

MON VISIONBOARD POUR MON ENFANTEMENT

Que vous choisissiez d'enfanter votre bébé en maternité, en maison de naissance ou encore chez vous, je vous propose de créer votre visionboard. Ce tableau de visualisation vous accompagnera dans ce grand passage que vous vous apprêtez à vivre, en rassemblant les mots, les images et les mantras qui vous soutiennent et vous font vous sentir grande, solide, déesse.

1- Ouvrez votre espace sacré (voir page 14), et allumez votre bougie en posant l'intention de créer votre visionboard pour vous sentir soutenue pendant votre enfantement.
2- Prenez le temps de vous recentrer. Quand vous vous sentez disponible, demandez-vous : « Comment ai-je envie de me sentir pendant mon enfantement ? Qu'ai-je envie de vivre ? »
3- Maintenant, rassemblez des images, des mots, des couleurs sur votre tableau, qui vous permettront de vous connecter à ces sensations, ces énergies.
4- Vous pouvez même créer votre propre mantra, celui qui vous accompagnera depuis les premières contractions jusqu'à l'arrivée de votre bébé.

Mon rituel pour honorer la future mère

Apporter du sacré est nécessaire pour accompagner la future mère dans cette transformation incroyable, pour l'honorer et l'entourer, pour la faire se sentir capable et puissante. Voici quelques propositions pour créer un moment sacré autour de la future mère.

- Rassemblez les femmes importantes pour elle, le temps d'un après-midi ou d'une journée et imaginez un temps ensemble en l'honneur de la femme enceinte.

- Partagez chacune des mots d'« empuissancement » pour la femme enceinte, ce que vous admirez chez elle, en quoi vous ressentez de la gratitude pour elle, ce que vous voyez en elle.
- Vous pouvez dessiner sur sa peau pour honorer son corps qui porte et nourrit la vie.
- Chaque femme achète une bougie qu'elle allumera lorsque le travail commencera, une manière de soutenir énergétiquement la future mère dans ce passage initiatique.
- Demandez-lui de quoi elle a envie et besoin pour se sentir belle, grande, puissante ; pour se connecter à sa dimension sacrée et se sentir soutenue dans cette transformation.

mon INVITATION

Je vous recommande l'épisode 37 du podcast Karma Mamas, avec Isabelle Chalut, qui nous livre sa vision de la souveraineté, quel que soit le milieu choisi pour enfanter.

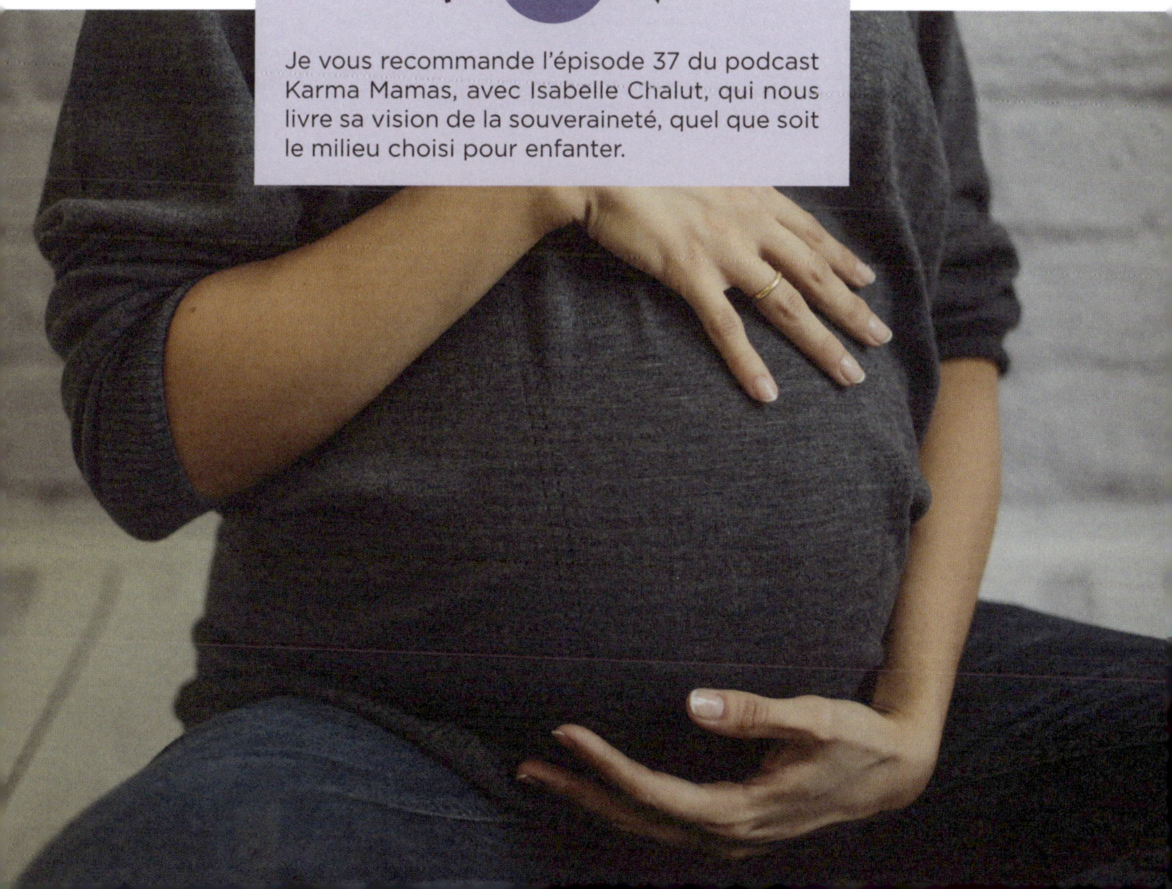

Jour 19

PRÉPAREZ LE POST-PARTUM

On nous parle de l'accouchement comme la ligne d'arrivée d'un marathon et pourtant, c'est la ligne de départ ! Nous ne savons presque rien sur le post-partum. Nous ne savons pas ce que notre corps va traverser, les transformations physiques, psycho-émotionnelles, hormonales...

Être bien entourée, une nécessité

Vous connaissez cet adage « il faut tout un village pour élever un enfant » ? Pensez plutôt : « Pour soutenir les parents ! » Dans l'idéal, il vous faut des personnes bienveillantes, qui viennent pour donner un coup de main, sans donner de conseil non sollicité. Des personnes qui offrent une écoute active, dans le respect des besoins des jeunes parents, qui respectent leur besoin de calme et d'intimité pour faire connaissance avec leur bébé. Une doula peut apporter un grand réconfort pendant la grossesse et le post-partum.

À SAVOIR

Lors de la préparation à l'accouchement, on ne nous prépare pas à l'après ! Voici quelques infos :

- Lochies : pertes vaginales qui contiennent notamment du sang et coulent pendant les premières semaines qui suivent l'enfantement.
- Tranchées : contractions utérines post-partum, signe que l'utérus reprend sa place et se rétracte.
- La chute d'hormone (progestérone), la sensation d'avoir le ventre vide et la sensation de pesanteur sont autant de ressentis que la jeune maman peut traverser, et participent à la rendre très vulnérable. Prenons-en soin. Entourons-la d'amour et de douceur, mettons-nous à son écoute.
- Physiquement, le bassin a été fragmenté pendant l'accouchement. Le corps a besoin de récupérer ; l'utérus doit revenir à sa taille normale et les autres organes reprendre leur place. Il est essentiel pour une jeune maman d'honorer ce temps après l'accouchement pour permettre à son corps de récupérer - en restant assise ou allongée. En France, on parle du « mois d'or », des quarante jours ou encore du quatrième trimestre de la grossesse.

ZOOM sur

LA MATRESCENCE

Si le mot devient aujourd'hui populaire grâce au podcast de Clémentine Sarlat, *La Matrescence*, il a été pourtant inventé il y a une cinquantaine d'années par l'anthropologue américaine Dana Raphael !

La matrescence est la contraction des mots maternité et adolescence. Ce concept reconnaît que la naissance d'un bébé, c'est aussi la naissance d'une mère, car c'est une période d'extrême vulnérabilité et de grande intensité émotionnelle. En véritable transformation identitaire, la matrescence invite notamment la jeune mère à se positionner.

Quelques propositions pour soutenir une jeune maman :

- Remercier la jeune maman (et le coparent) pour cette nouvelle vie qu'elle a accueillie, qu'elle nourrit, qu'elle accompagne chaque jour ;
- Prendre de ses nouvelles, lui envoyer un message pour dire que vous pensez à elle, sans attendre de réponse en retour (tout son univers est chamboulé !) ;
- Lui dire bonjour à elle (et au coparent) avant de vous jeter sur le bébé, qui n'est pas une attraction.
- Lui proposer de lui offrir de prendre soin d'elle (un repas, un soin, un massage, un bain de pieds...)

Jour 19

Mes pratiques

HONOREZ LE MOIS D'OR

Que vous soyez enceinte ou que vous connaissiez une femme enceinte dans votre entourage, voici quelques pistes à partager, pour vivre sereinement votre ou son premier mois. Tout ce qui permet de faire gagner du temps et de l'énergie est un cadeau merveilleux à offrir aux jeunes parents. Et quoi qu'il arrive, le top du top reste de leur demander.

Manger chaud
On considère que la femme qui a enfanté a besoin de chaleur. Vous pouvez essayer des plats réconfortants et faciles à digérer type bouillon, curry doux... Mon astuce : préparez des plats avant l'accouchement, que vous pourrez stocker au congélateur et qu'il vous suffira de faire réchauffer.

Prendre soin du coparent
La jeune maman est très vulnérable, c'est un tsunami intense, physiquement et émotionnellement. Elle a besoin de soutien, et particulièrement de son ou sa conjoint(e), qui traverse aussi un tsunami. Prendre soin du coparent, c'est aussi prendre soin de la maman.

La nouvelle liste de naissance
Un petit coup de ménage, une lessive, une écoute active et bienveillante (sans nier et minimiser leur expérience) sont particulièrement précieux. Si vous ne pouvez pas être là, vous pouvez offrir aux jeunes parents une aide-ménagère, des repas livrés à domicile par exemple, plutôt que d'acheter mille et un jouets et doudous pour le bébé.

Votre village
Parlez avant avec votre conjoint(e) des personnes que vous aurez envie d'avoir autour de vous après l'accouchement et de l'intimité préservée. N'hésitez pas à faire passer le mot pendant la grossesse pour que ce soit fluide après l'accouchement. Demandez par exemple à ne pas recevoir de visite pendant la première semaine ou ne pas venir sans avoir demandé avant si c'est OK pour vous. Un bébé n'est pas une attraction.

mon
INVITATION

Découvrez les livres *Bien vivre le quatrième trimestre au naturel* et *Recettes du quatrième trimestre au naturel* de Julia Simon ; ou encore *Le Mois d'Or*, de Céline Chadelat et Marie Mahé-Poulin.

Jours 20-21

SACRALISEZ VOS TRANSFORMATIONS

Les règles, la grossesse et la maternité, ou encore la ménopause sont des rites de passage dans notre vie de femme. Si elles ne constituent pas des conditions pour goûter au sacré dont nous sommes porteuses, il est selon moi essentiel d'apporter du sacré dans ces moments de transformation, donc de grande vulnérabilité et de puissance.

Vivez votre cyclicité

Notre cyclicité est l'incarnation de notre résilience. À l'échelle du mois par notre cycle menstruel, et à l'échelle de notre vie par les différents rites de passage que nous pouvons expérimenter. Un passage est une transformation, la mort de ce qui a été, et la naissance de ce qui sera. Célébrons, honorons chacune d'entre elles ! Une relation, un projet... Voyons chaque expérience comme un enseignement qui nous mène vers la prochaine exploration.

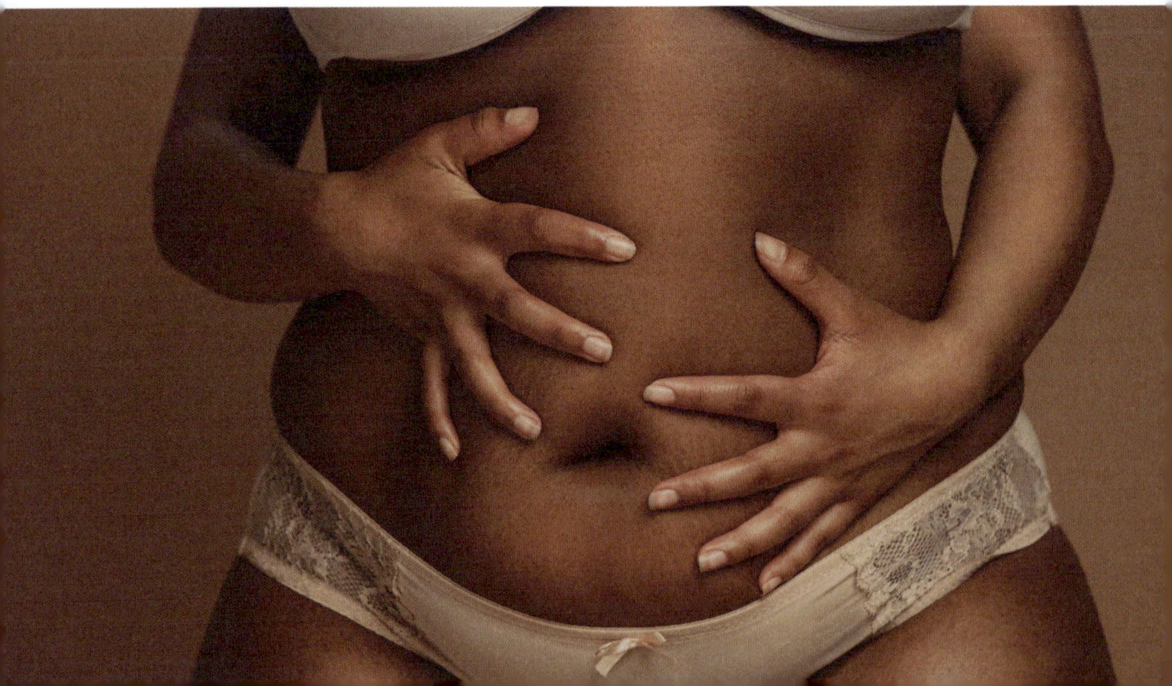

ZOOM sur

LA MÉDECINE DE L'AIR

L'air est le premier élément avec lequel on entre en contact lors de notre naissance, il est souffle vital. Essentiel à la vie, l'air nous rappelle à chaque respiration que nous sommes tous et toutes relié(e)s grâce à lui. Ni visible ni palpable, il a toujours été présent, et fait le lien entre chaque être vivant sur terre. Il représente la notion d'espace, de vastitude, d'amplitude et de liberté.

L'air est l'intermédiaire entre le corps et l'esprit, il nous aide à apporter plus de conscience dans notre incarnation, et nous procure la légèreté de rêver et imaginer. Il nous invite à prendre du recul, de la hauteur pour clarifier nos pensées, « un bol d'air frais ».
L'Air porte un grand potentiel de purification, par le souffle et la plume pour les nettoyages énergétiques. Il oxygène, purifie, régénère.

La médecine de l'air peut venir à nous sous bien des formes : le souffle vital qui nous traverse, le vent, la brise. L'air se mélange à d'autres éléments : tempête de pluie ou encore de sable, la flamme qu'il attise, fait voyager le son, les odeurs ou encore les graines des fleurs. Selon la situation que vous traversez, vous pouvez déposer quelques gouttes d'une huile essentielle adaptée sur votre poignet ou un mouchoir, et la respirer, en fermant les yeux. Les huiles essentielles peuvent être une manière de recevoir la médecine de l'air, mariée à celle des plantes (à employer avec précaution).

Jours 20-21

Mes pratiques

MON RITUEL POUR ME DÉLESTER DE CE QUI ME PÈSE

Je vous propose un rituel pour offrir au vent ce qui vous pèse, et recevoir la médecine de l'air pour prendre de la hauteur et retrouver de la légèreté.

1- Rendez-vous dans un endroit en plein air. Ouvrez votre espace sacré (voir page 14) et demandez à l'air de vous offrir sa médecine.

2- Prenez le temps de vous recentrer (à l'aide des propositions pages 20, 24 et 28).

3- Pensez à une situation que vous traversez et qui vous ennuie en ce moment. Lorsque vous vous connectez à cette situation que vous souhaitez voir résolue, ressentez-vous une tension dans votre corps ? À quel endroit ?

4- Posez votre attention sur votre respiration, et dirigez celui-ci dans la zone de votre corps tendue.

5- Autorisez votre souffle à se faire plus ample dans cette zone, comme pour offrir davantage d'espace, d'amplitude à cette tension. Vous pouvez poser une main sur cette zone si cela vous aide à poser la conscience dessus.

6- Maintenant, sur l'inspiration, imaginez concentrer en vous la tension, la sensation, l'émotion associée à la situation. Et sur l'expiration, soufflez-la en dehors de vous. Offrez-la au vent. N'hésitez pas à faire du bruit lorsque vous soufflez ; la vibration du son vous soutiendra pour faire circuler l'énergie. Visualisez vraiment que vous l'évacuez et l'air va se charger de la disperser. Vous pouvez même crier si vous en ressentez le besoin, ou rire, ou chanter.

7- Lorsque vous vous sentez plus légère, que vous ressentez la tension se dissoudre, prenez quelques grandes respirations, pour vous recharger de cet air pur, nouveau. Vous pouvez poser l'intention de recevoir dans les jours à venir des réponses pour vous permettre de traverser cette situation.

9- Remerciez l'air pour sa médecine, et clôturez votre espace sacré.

Ma pratique pour créer ma déesse

Il y a des millénaires, les divinités étaient principalement féminines, aux formes généreuses pour symboliser leur caractère nourricier, la source de toute chose. Je vous invite à créer votre propre divinité, pour vous relier au Féminin divin, sacré, sauvage.

Reportez-vous à la page 72 pour la recette de la pâte à sel, ou procurez-vous un bloc d'argile.

1- Ouvrez votre espace sacré (voir page 14). Allumez une bougie si vous en ressentez l'envie. Lancer une playlist peut vous aider à lâcher le mental.
2- Posez l'intention de vous relier à l'énergie féminine en vous, votre dimension sacrée – pour la matérialiser dans la matière.
3- Laissez faire vos mains, branchez-vous à vos ressentis, vos élans du cœur et du corps. Créez votre déesse.
4- Lorsque vous avez terminé, observez-la. Que représente-t-elle pour vous ?
5- Fermez votre espace sacré, et sentez-vous libre de la poser sur votre autel par exemple.

Semaine 4

INCARNEZ PLEINEMENT **LE CANAL QUE VOUS ÊTES**

Le sacré s'expérimente par le corps dans la matière. Nourrir son féminin sacré, c'est cesser de nier le corps pour enrichir cette confiance en lui – car le corps contient déjà toutes les réponses. Cette semaine est une invitation à faire taire le mental et à élever notre vibration – transformer notre être pour changer notre faire – par notre corps.

Jour 22

TROUVEZ LES SOLUTIONS EN VOUS

Notre culture nous a habituées à ignorer notre corps et ses besoins alors qu'il a en lui toutes les réponses. L'écouter, c'est nous offrir le cadeau merveilleux de lâcher le mental et de trouver des réponses qui sont déjà en nous. Cette semaine, je vous invite à expérimenter d'autres façons de l'écouter, de l'honorer et de communiquer.

Explorez votre intuition

L'intuition est beaucoup plus grande que le mental. Je la vois comme le langage entre l'Univers et nous. Nous brancher sur notre intuition nous permet d'accéder à notre sagesse intérieure, à la joie. Elle se ressent dans le corps. Alors que le mental a tendance à vouloir tout contrôler. Notre mental est comme une énorme banque de données qui a gardé en mémoire toutes nos expériences passées. Il se base sur elles pour nous éviter de revivre des sensations et situations désagréables. Il est utile pour nous protéger, et nous avons aussi besoin de le faire taire quand il souhaite nous garder petit, confortable.

mon MANTRA

« Je me mets à l'écoute de mon corps, toutes les réponses viennent à moi facilement et sans effort. »

L'INVITÉ *du jour*

Et si vous laissiez votre féminin sacré s'élever par le silence ?

Mouvement yin, de l'extérieur vers l'intérieur, l'une des facettes primordiales du féminin sacré est la capacité à accueillir, laisser entrer, écouter. Écouter l'autre. Mais également écouter son être. Écouter son corps. Écouter son cœur. En présence.

Dans cette société où tout va vite, où l'on doit produire, prouver, démontrer, être perpétuellement en action, prenez-vous vraiment le temps de vous asseoir, d'écouter et d'accueillir ? Êtes-vous vraiment présente à vos ressentis, présente à l'autre ? Et si vous renouiez avec le calme et le silence ? Faire taire le brouhaha mental d'une vie moderne gouvernée par l'énergie masculine de l'action, du contrôle et du mouvement, en faisant de l'espace au silence. Laissez la voix de votre féminin sacré s'exprimer et s'élever.

Concrètement ? Chaque jour, dès que cela est possible, au travail, dans le métro, en faisant la queue au magasin… plutôt que de laisser votre esprit vagabonder dans le passé sur ce que vous auriez dû faire de mieux, ou dans l'avenir pour planifier toutes les actions que vous avez encore à accomplir pour être efficace, prenez le temps de vous poser, respirer et ramener votre regard à l'intérieur de vous. Écoutez. Écoutez bien. Le bruit de votre souffle de vie. Cet air précieux et sacré qui entre et qui sort de vos narines. La musique de votre océan intérieur. Laissez-vous bercer par le flux et le reflux des vagues de votre respiration. À chaque inspiration, vous vous remplissez d'amour, d'empathie, de compassion et de bienveillance. À chaque expiration, vous vous libérez des énergies de contrôle, d'analyse et de jugement. Vous devenez votre souffle, vous devenez l'amour qui vous entoure et que vous inspirez. Vous devenez le féminin sacré qui est en vous.

Marie Milla
www.mariemilla.com

Jour 22

Mes pratiques

ME CONNECTER À MES RESSENTIS CORPORELS

Afin de nous brancher à notre sagesse intérieure, nous avons besoin de réapprendre à ressentir notre corps. Je vous propose une méditation pour effectuer un scan corporel. Cette pratique peut s'effectuer chaque matin par exemple, ou le soir avant de vous coucher. Ce peut être une belle pratique à intégrer dans votre routine.

1- Assise, allongée ou debout, dans la posture la plus confortable pour vous, je vous invite à fermer les yeux, et prendre quelques grandes respirations pour revenir dans l'instant présent. Prenez conscience de votre corps, votre densité, votre largeur, votre hauteur, votre volume.

2- Vous allez poser votre attention sur chaque partie du corps, en commençant par le sommet du crâne, jusqu'aux pieds, dans une attitude réceptive de ce que vous ressentez.

3- Commencez par le sommet du crâne, la tête, le front, les sourcils, les paupières, les ailes du nez, les joues, la mâchoire. Ressentez s'il y a des tensions. Vous pouvez choisir de les relâcher, les détendre, au fur et à mesure que vous scannez votre corps.

4- Continuez à descendre, en passant par la nuque, les trapèzes, le plexus solaire, le bassin, les bras, les mains, les doigts.

5- Continuez vers a poitrine, le plexus solaire, le ventre, le bassin. Le dos, les fesses, puis le long des jambes jusqu'au orteils.

6- Puis tentez de percevoir votre corps dans sa globalité, dans sa totalité, en ressentant où se situent les tensions persistantes. Avez-vous mal dans le dos, par exemple ? Est-ce que vous ressentez de la lourdeur à certains endroits, des parties du corps contractées ? Ou au contraire, y a-t-il certaines parties du corps que vous sentez légères ? Prenez le temps d'identifier toutes ces sensations, sans poser de jugement dessus, juste les observer et les accueillir.

7- Si vous ressentez le besoin de bouger, ou manger, ou poser une action pour soulager certaines parties du corps par exemple, écoutez-vous et honorez votre besoin.

Ma pratique pour me connecter à mon intuition

L'intuition se manifeste notamment par des ressentis corporels. Voici quelques astuces pour vous y connecter et vous mettre à l'écoute des réponses qui sont déjà en vous, lorsque vous avez besoin de prendre une décision. Lorsque l'on est amenée à vivre une nouvelle expérience, des peurs peuvent surgir, notre mental veut nous protéger.

- Discernez dans votre corps si vous ressentez de l'inconfort ou de la souffrance. Faire la distinction entre ces deux ressentis nous aide à identifier si nous nous retenons (inconfort) ou si nous sentons que ce choix n'est pas le bon pour nous à ce moment T (souffrance).
- Quel est le choix, la réponse qui vous fait ressentir de la légèreté, de l'expansion ? Quel est au contraire celui qui vous fait ressentir de la lourdeur, ou de la contraction ?
- Apprenez à écouter votre corps, peut-être avez-vous certains signaux corporels que vous savez lire comme une réponse intuitive.

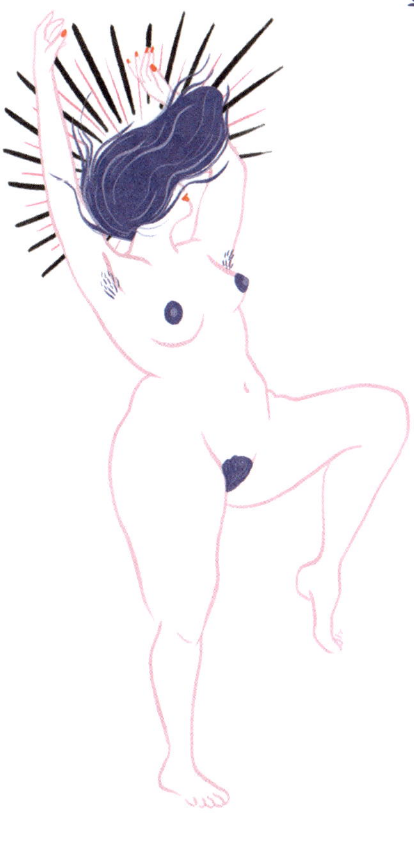

mes ASTUCES

Lorsque vous avez une décision à prendre, vous pouvez choisir l'une des options pour les prochaines vingt-quatre heures et vous mettre à l'écoute des sensations que ça vous procure. Ressentez-vous de la joie ? De l'excitation mêlée à de la peur ? De l'inconfort ? De la souffrance et du stress ? L'intuition nous emmène toujours vers la joie, l'expansion, la légèreté, même si c'est inconfortable.

Jour 23

ACCEPTEZ VOS ÉMOTIONS

Les émotions que nous ressentons sont légitimes. Elles nous appartiennent et nous en sommes responsables. Dans notre société, il est souvent difficile de les exprimer, car l'on craint souvent d'être vulnérable. Exprimer ses émotions est encore trop souvent synonyme de faiblesse ou de plainte. Résultat, on les refoule, on les ignore. Elles s'accumulent en nous, comme des boules d'énergie qui stagnent. Pourtant, reconnaître nos émotions est un premier pas pour nous responsabiliser et nous guérir.

Les émotions, votre langage

Les émotions ne sont ni négatives ni positives. Elles sont un message, qui demande qu'on lui prête attention. Tant que nous les ignorons, elles continuent de se manifester et vont s'intensifier en créant des nœuds. Accueillir notre émotion nous permet de la faire circuler et de la libérer. Voici quelques conseils pour les décrypter :

- La colère nous montre un besoin non honoré, ou une limite non respectée.
- La tristesse est souvent en lien avec une séparation, une perte (personne, situation) et notre passé.
- La peur nous informe d'un danger potentiel pour nous et veut nous en protéger.
- La joie, elle, est notre boussole intérieure, elle nous montre la direction dans laquelle nous engager pour vivre ce qui nous appelle.

mon MANTRA

« Mes émotions sont légitimes, elles sont mes alliées. »

Passer par le corps pour traduire une émotion

En médecine traditionnelle chinoise, les émotions sont associées aux organes. Chaque organe est miroir d'une émotion dans cette approche holistique du corps. Donc un déséquilibre psycho-émotionnel se manifestera au niveau d'un organe précis.

Par exemple, les reins et la vessie sont associés à la peur ; le foie et la vésicule biliaire à la colère ; le cœur et l'intestin grêle à la joie ; l'estomac, la rate et le pancréas à la réflexion ; le poumon et le gros intestin à la tristesse.

mes ASTUCES

L'EFT, Technique de libération émotionnelle, (créée par Gary Craig aux États-Unis en 1995), consiste à tapoter ou à masser des points d'acupuncture pour apaiser et libérer un état émotionnel. Testez-la !

Jour 23

Mes pratiques

MA PRATIQUE POUR ACCUEILLIR MON ÉMOTION

1- Soyez assise, debout ou allongée, selon ce qui est le plus confortable pour vous.

2- Quelle émotion ressentez-vous ? Qu'est-ce qui, dans la situation que vous traversez, vous a fait ressentir cette émotion ?

3- Faites un scan corporel et identifiez à quel endroit elle se manifeste dans votre corps.

4- Accueillez-la, offrez-lui l'espace d'exister, permettez-lui de prendre tout l'espace dont elle a besoin.

5- Envoyez-lui de l'amour, vous pouvez lui parler, ou poser l'intention de lui envoyer de l'amour, une manière de lui dire « je sais que tu es là, je te vois, je t'accueille, j'accueille ce que tu as à me dire et me transmettre, je t'écoute ».

Mon écriture médecine pour accueillir mon émotion

L'écriture est un médium formidable aussi pour accueillir une émotion et en prendre la responsabilité.

1- Dans votre carnet, commencez par noter ce que vous ressentez, en écriture libre. Laissez jaillir tout ce qui vient à vous, sans censure, sans jugements. « Crachez » toute votre colère, votre tristesse, votre peur sur le papier. Reconnaître votre émotion, c'est aussi accepter que vous en soyez responsable.

2- Maintenant, écrivez : « J'accepte de ressentir (notez l'émotion). » Vous pouvez recopier cette phrase plusieurs fois, jusqu'à vous sentir un peu plus légère.

3- Quels besoins cette émotion me demande-t-elle de regarder et d'honorer ? Que puis-je faire maintenant pour honorer ce besoin ?

4- Pour accueillir une peur, une manière de la faire circuler peut être d'imaginer les pires scénarios possibles qui vous viennent à l'esprit. Par exemple : « J'ai peur de demander ma rupture conventionnelle. Pourquoi ? J'ai peur qu'on me la refuse = quelle est la peur derrière le refus ? » Ou encore : « J'ai peur de devoir choisir entre rester ou démissionner = j'ai peur de ne pas avoir de chômage = j'ai peur de ne pas avoir de rentrée d'argent = j'ai peur de me retrouver à la rue. »

5- Tirer le fil de la pelote permet d'identifier la peur racine. Parfois, cela suffit à la dédramatiser. Parfois, mettre le doigt sur cette peur racine nous permet de nous rassurer en prenant conscience qu'elle existe et de ce que l'on peut faire si jamais on en arrive à cette situation, et réaliser que nous avons en nous les ressources et la résilience pour y faire face.

Jour 24

COMMUNIQUEZ POUR LIBÉRER VOS ÉMOTIONS

Déposer une parole est une manière de libérer une émotion, en la faisant exister en dehors de nous. Cela nous invite aussi à faire le silence en nous pour accueillir ce que nous ressentons avant de le partager.

Les cercles de femmes

Plutôt que le blabla quotidien, la médecine de la parole nous permet de ralentir, respirer, sentir ce qui est présent en nous pour l'exprimer. Nous la déposons en utilisant le « je », encore une fois pour prendre la responsabilité de ce que nous ressentons. Dans notre quotidien, nous écoutons finalement très peu. Pourtant, l'un des plus beaux cadeaux et des plus puissants est une écoute active, attentive, bienveillante pour offrir à l'autre l'occasion de se sentir entendue.

Connaissez-vous les cercles de femmes ? Ce sont des espaces *safe* et *secure*, tenus par une facilitatrice qui s'assure que personne ne vient rebondir sur ce qui a été déposé, partagé.

Envie de tenter l'expérience ? Pour choisir votre cercle de femmes, faites confiance à votre ressenti. Chaque cercle est unique, à l'image de la femme qui le facilite. Vous pouvez la contacter par téléphone pour lui poser vos questions et ressentir si la *vibe* correspond à ce dont vous avez envie.

Écoutez pour vous transformer

Une parole déposée, ce n'est pas se plaindre, c'est accueillir et reconnaître ce qui se joue en nous en ce moment.

- S'entendre devant témoins permet de nous voir nous-mêmes, poser la conscience sur des émotions, des schémas, des croyances.
- Écouter l'autre permet de conscientiser ce que l'on ressent soi-même, que l'on n'avait pas forcément réalisé jusque-là. C'est l'effet miroir.
- Se sentir écoutée, sans jugement, sans conseil non sollicité, nous permet de nous déposer dans toute notre vulnérabilité et c'est source de transformation.
- Une écoute active, c'est une attention portée à la parole déposée, sans minimiser, sans nier l'expérience et le ressenti de l'autre. Cela nous apprend aussi à ne pas chercher à trouver une solution, ni rassurer, ni soutenir. Et ça aussi, ça fait du bien !

Jour 24

Mes pratiques

MA PRATIQUE POUR DÉPOSER MA PAROLE EN TOUTE RESPONSABILITÉ

Déposer sa parole, c'est partager ce que l'on ressent en en prenant toute la responsabilité.
Ça permet aussi à l'autre de la recevoir. Ces quelques questions sont des pistes pour vous aider à verbaliser votre expérience.

1- Offrez-vous le temps de prendre quelques respirations pour être bien présente à vos ressentis et ne pas partir dans du blabla.

2- Vous pouvez partager la situation qui vous fait ressentir l'émotion (par exemple : « Quand je t'entends dire ça… »)

3- Quelle émotion ressentez-vous ? Comment vous fait-elle vous sentir dans votre corps (oppressée, légère…) ?

4- Pouvez-vous identifier quel besoin vient mettre en lumière l'émotion ? Par exemple : « Quand je t'entends me donner un conseil, je ressens de la colère et une boule se former dans mon ventre parce que j'ai besoin de vivre ma propre expérience. »

5- De quelle manière pouvez-vous honorer ce besoin ? Que choisissez-vous à la place ? Par exemple : « Je choisis de venir te demander conseil quand j'en ai besoin, sinon, j'ai envie que l'on me laisse faire. »

Mon rituel pour créer mon bâton de parole

Le bâton de parole est un objet qui passe de mains en mains dans les cercles de parole. Celle qui le tient a la parole et elle ne peut être interrompue. Ce peut être un bel objet à créer et avoir chez soi pour des temps de partage en conscience.

Matériel :
- Un bâton, que vous aurez récolté en nature ;
- Des feutres, bouts de tissu...

1- Ouvrez votre espace sacré (voir page 14) et allumez votre bougie.

2- Posez l'intention de créer votre bâton de parole.

3- Vous allez y inscrire, y ajouter des éléments pour symboliser les valeurs et qualités importantes pour vous, afin de déposer une parole. Ce peut être par exemple, la vérité, l'intégrité, la médecine de la chouette – symbole de vérité – ou le cacatoès qui représente la communication. Si vous vous en servez au sein de votre famille, vous pourriez y mettre un élément qui représente chaque personne.

4- Le bâton de parole n'a pas vocation à être beau, mais à avoir du sens. Écoutez-vous, ressentez quel élément est juste pour vous pour symboliser telle valeur, telle énergie, telle médecine.

5- Lorsque vous avez terminé, je vous invite à prononcer à voix haute chaque élément qui le constitue, pour le présenter. Tenez-le dans vos mains, et ressentez sa puissance, la puissance des intentions que vous y avez mises.

6- Fermez votre espace sacré.

Jour 25

PRENEZ SOIN DE VOTRE CANAL

Parfois, nous avons une fâcheuse tendance à l'autosabotage : craintes, stress, sursollicitation… vous empêchent de penser et d'être réceptive à ce qui vous entoure. Pourtant, chacune de nous incarne un lien entre le monde subtil et le monde tangible, un canal unique et sacré qu'il faut préserver. Nous permettons aux idées de prendre forme dans la matière. Prendre soin de notre canal, c'est être en mesure de diriger vos énergies là où c'est important pour nous plutôt que de les disperser partout ailleurs.

Les FOMO

Fear Of Missing Out, le FOMO est la peur de louper quelque chose. Ça vous arrive de regarder telle émission, écouter tel épisode de podcast – non par pur kif, mais juste au cas où il y ait une info intéressante ? La peur du manque plombe notre énergie. Nous avons tendance à laisser notre énergie se disperser partout plutôt que de la canaliser dans ce qui nous nourrit.

ZOOM sur

CRÉER DE L'ESPACE EN SOI

Avec Internet, nous avons pris l'habitude de l'immédiateté. Et si nous nous offrions un peu de temps pour être claire et réceptive ?

Voici quelques pistes pour préserver votre énergie :

- Vous offrir une détox média.
- Désabonnez-vous de tous vos comptes et effacez les applications de votre téléphone pour quelques jours. Observez ce que cela provoque en vous. Y a-t-il des comptes qui vous manquent ? Ceux dont vous ne vous souvenez plus n'étaient pas essentiels à votre vie.
- Créez de l'espace sur votre téléphone. Combien d'applications avez-vous sur votre smartphone ? Les utilisez-vous toutes ?
- Épargnez-vous trop de sollicitations : paramétrez vos applications pour ne pas recevoir de notifications à chaque *like* ou commentaire.
- Offrez-vous du temps : mettez votre téléphone en mode avion, et pourquoi pas, créer un message d'accueil amusant pour partager que vous prenez soin de vous !
- Le matin, plutôt que d'aller lire vos mails, et si vous faisiez d'abord quelque chose pour votre seul et unique plaisir ? Prenez soin de vous avant de vous ouvrir au monde.
- Ménage, administratif... s'il y a des tâches du quotidien que vous détestez faire, pouvez-vous les déléguer à quelqu'un ?

Jour 25

Mes pratiques

MON ÉCRITURE MÉDECINE POUR CULTIVER MON ESSENTIEL

L'écriture m'apporte du calme et de la clarté. Je laisse ma main poser les mots sur le papier, sans réfléchir, dans un seul jet. C'est là qu'émerge notre vérité. Je vous propose quelques questions pour identifier ce qui vous nourrit et ce qui, au contraire, vous coûte.

Mon essentiel, pour moi, c'est ce dont j'ai besoin pour me sentir bien, à ma place. C'est ce qui est fluide. Et j'ai pris l'engagement envers moi-même d'éliminer petit à petit tout ce qui me coûte de l'énergie, m'alourdit.

- Dans toutes vos relations, quelles sont celles qui vous nourrissent, dans lesquelles vous sentez la liberté de vous montrer tout entière ? Lesquelles, au contraire, vous font vous sentir petite ?
- Qu'est-ce qui est essentiel à votre vie ? Une manière de l'identifier peut être de vous demander : « Dans ma vie actuelle, si j'étais riche (financièrement) à vie, qu'est-ce que j'arrêterais de faire ? Qu'est-ce que je continuerai de faire ? »
- Notez tout et, à côté, notez le temps et/ou l'argent que vous y consacrez. Ces notes vous permettront de vous rendre compte si ce qui vous est essentiel est bel et bien là où va votre énergie (temps, argent) ou si vous pouvez lui offrir davantage d'espace dans votre quotidien. Par exemple : si la nature fait partie de votre essentiel et que vous vivez en ville, vous pouvez réfléchir à comment inclure davantage la nature dans votre vie.

Ma pratique pour faire circuler l'énergie le matin

Rien de tel pour commencer notre journée que de faire circuler l'énergie de bon matin et « avoir les idées claires ». L'une de mes pratiques préférées est l'automassage. Comme toujours, on revient au corps et à nos ressentis.

1- Assise, commencez par masser une voûte plantaire, par pression, étirer les orteils...

2- Posez vos deux pieds à plat et prenez le temps de ressentir la différence entre votre pied massé et l'autre.

3- Massez l'autre pied, puis mettez-vous debout, vos pieds positionnés à la largeur de votre bassin.

4- Ressentez votre équilibre, vos voûtes plantaires bien étalées sur le sol, ressentez chaque partie du pied en contact avec le sol, la terre.

5- Allez vers la droite, puis la gauche, le devant, puis derrière jusqu'à la limite du déséquilibre, puis faites des cercles dans un sens et dans l'autre pour ressentir votre équilibre, et revenez en votre centre.

6- Massez-vous, en tapotant, en frottant, par pression toutes les parties du corps, en commençant par les jambes et en remontant jusqu'au sommet du crâne.

7- Comment vous sentez-vous à l'issue de cette pratique ?

Jour 26

RÉENCHANTEZ VOTRE RELATION AU MONDE

Ce que vous faites et la manière dont vous vous traitez révèle votre rapport à la terre. Cette terre sacrée qui porte différents noms – *Pachamama* dans les Andes, *Papatuanuku* chez les Maoris, *Gaia* en Europe… – et désigne encore et toujours la même énergie : force de vie, créatrice et nourricière, à l'image des femmes, filles de la terre mère, nourricières, cycliques. Microcosmes dans le macrocosme. Selon moi, incarner notre féminin sacré, c'est nous rendre réceptives à notre énergie féminine, en nous, et autour de nous.

Ouvrez-vous à l'écospiritualité

Le manque d'énergie féminine dans le monde se ressent jusque dans la crise écologique, qui résulte d'une volonté de contrôle et d'exploitation de la nature, d'une déconnexion avec la terre et de l'oubli que nous sommes toutes et tous relié(e)s. Il ne pourra y avoir de réponses à celle-ci sans transformer notre vision et notre rapport au monde. Nourrir une relation spirituelle – l'écospiritualité – avec la terre (cette énergie féminine à l'état brut) nous offre l'occasion de ramener du sacré dans notre quotidien.

ZOOM sur

L'ÉCOFÉMINISME

Le terme « écoféminisme » est apparu pour la première fois en France, dans les années soixante-dix grâce à l'écrivaine Françoise d'Eaubonne. Elle a établi un lien direct entre exploitation de la terre et oppression des femmes – considérées comme des objets sur lesquels les hommes (sujets) prennent le pouvoir et usent de violence pour prendre l'ascendant.

Le concept réapparaît en France dans les années quatre-vingt-dix, grâce notamment à Marie Meis et Vandana Shiva. Figure emblématique de l'écoféminisme et prix Nobel alternatif en 1993, on la connaît notamment pour avoir participé au mouvement Chipko, des femmes du nord de l'Inde qui se sont levées pour protéger les arbres menacés d'être abattus.

Aujourd'hui en France, le collectif Les Engraineuses a créé le tout premier festival écoféministe en 2019 « Après la Pluie ». www.lesengraineuses.fr

Jour 26

Mes pratiques

MA VISUALISATION POUR ÉCOUTER LA TERRE, FILLE DE PACHAMAMA

1- Ouvrez votre espace sacré (voir page 14), et allumez votre bougie si vous en avez envie.

2- Installez-vous confortablement, assise ou allongée, avec une couverture sur vous et, si vous le souhaitez, un foulard pour couvrir vos yeux.

3- Prenez quelques grandes respirations, profondes, et posez l'intention d'aller écouter votre terre mère et rendez-vous disponible pour recevoir ses réponses, ses enseignements.

4- Commencez par visualiser ou ressentir un paysage naturel, vous êtes sur un petit sentier, et vous vous apercevez qu'il mène au loin à l'entrée d'une grotte.

5- Elle vous semble familière, comme un souvenir lointain, et réconfortant. Vous vous sentez pleinement en confiance pour y pénétrer.

6- Vous devinez une lumière, et choisissez d'avancer, de vous enfoncer dans la grotte jusqu'à la rejoindre. C'est un feu, un magnifique feu qui crépite.

7- Vous vous sentez appelée à vous asseoir auprès du feu, là, dans cette grotte. Vous vous sentez réchauffée, enveloppée, en parfaite sécurité. Vous êtes

mes ASTUCES

Avant la visualisation, ou après, vous pouvez créer votre vision-board pour vous connecter à l'énergie de la terre, en y mettant les images qui vous évoquent la terre mère. Vous pouvez aussi vous promener en conscience, en demandant à ce que soient mis sur votre chemin des éléments de la terre pour vous soutenir et vous accompagner. Vous pouvez les placer sur votre autel, pour la durée juste pour vous, avant de les rendre à la terre.

de retour dans votre mère originelle, la terre, la grande déesse sombre. Vous vous sentez à la maison, la sensation d'une épaisse couverture chaude posée sur vos épaules.

8 - Posez une question, ou demandez à recevoir ce que la terre mère souhaite vous transmettre aujourd'hui, et mettez-vous dans une attitude réceptive. Quelles images, quels sons, quelles odeurs, quelles textures, quels goûts viennent à vous ? Quelles sensations ?

9 - Vous accueillez tout ce qui vous est transmis. Et lorsque vous sentez que la transmission est terminée, vous prenez le temps d'apprécier, cet ici et maintenant, dans lequel vous vous sentez si bien, en sécurité. Quand vous vous sentez prête, vous vous levez et vous vous éloignez du feu, vous avez aperçu dans la roche un petit renfoncement. Vous vous en approchez et y glissez la main avec confiance. Vous en ressortez un objet. Quel est-il ? Quelle information vous transmet-il ?

10 - Avant de quitter la grotte, sentez-vous libre de vous offrir le temps de savourer cette sensation de sécurité, d'enveloppement maternel, nourricier. La terre mère nous soutient, toujours.

11 - Lorsque vous vous sentez prête, revenez doucement dans vos ressentis ici et maintenant, votre densité, votre largeur, votre hauteur, puis ouvrez les yeux. Fermez votre espace sacré en remerciant la terre mère pour sa guidance. Avez-vous envie de lui faire une offrande ? Cela peut consister à déposer du compost en conscience, ramasser des déchets, arroser des plantes...

Jours 27-28

RECONNECTEZ VOTRE GARDIENNE

Longtemps, nous avons été en lutte contre les hommes et leur domination. Cette posture de la guerrière disperse notre énergie et nous épuise, car nous cherchons toujours à prouver quelque chose. Pourtant, vous êtes une gardienne du vivant. La gardienne n'a rien à prouver, elle ressent à l'intérieur d'elle une force tranquille, une solidité qui lui permet d'être sans chercher à faire pour obtenir une validation quelconque. Aujourd'hui, je vous propose de renouer les liens avec votre gardienne.

gardiennes du rêve, de la terre, du vivant

Les femmes sont les gardiennes du vivant, elles représentent cette énergie de création (bébé ou projet). Si on l'écoute, nous avons accès à toutes les réponses. En ce sens, vous êtes la meilleure personne pour réaliser vos rêves. Donc vivre votre meilleure vie est la meilleure contribution que vous puissiez vous offrir, aux vôtres et au monde. C'est de cette manière que notre médecine personnelle s'ancre dans la matière et rayonne. Cela ne signifie pas que cette ambition ne revient qu'aux femmes. Non ! Elle revient à chacun et chacune d'entre nous.

ZOOM sur

LA MÉDECINE DE LA TERRE

La terre est stable, elle symbolise la matérialisation, l'enracinement.
Elle est la terre mère, tout ce qui existe vient d'elle, de son ventre. Elle est fécondité, fertilité, régénération ; souvent représentée abondante, aux formes rondes, enceinte pour son caractère nourricier.
La terre porte en elle la mémoire de toute l'histoire du monde. Elle nous relie à nos racines et à nos lignées. Elle nous invite à honorer nos besoins vitaux, notre corps en équilibre et à préserver la vie sous toutes ses formes.
La terre représente notre rapport à la nature, et nous invite à matérialiser nos rêves dans le monde tangible. Elle est l'ancrage, patience, moment présent.

La médecine de la terre s'offre à nous au quotidien : notre nourriture (plantes, fruits, légumes, racines), les minéraux, la roche, le sol, le sable.
Cuisiner ou encore marcher en conscience sont de belles manières de nous connecter à sa médecine. Vous pouvez cuisiner votre repas préféré en prenant le temps de toucher, sentir chaque ingrédient, en posant la conscience que tel ingrédient provient de la terre, en ressentant de la gratitude pour ce lien direct avec elle qui vous est offert.

Jours 27-28

Mes pratiques

MA PRATIQUE POUR ME RELIER À LA TERRE

Les énergies telluriques sont bénéfiques pour le corps. Marcher pieds nus nous donne un contact direct avec la terre. De récentes études américaines ont démontré les bénéfices des énergies telluriques sur le corps, notamment pour diminuer les inflammations.

- Sortez dans un endroit dans lequel vous vous sentez bien. Cela peut être un bout de jardin, une plage, un sentier forestier, ou même un bout de bitume si vous êtes en ville.
- Déchaussez-vous, et posez l'intention de recevoir et ressentir les énergies telluriques.
- Posez vos deux pieds bien à plat sur le sol, et prenez conscience de chaque partie de vos voûtes plantaires en contact avec le sol. Pouvez-vous les déployer encore un peu ?
- Fermez les yeux si c'est plus facile pour vous. Et ressentez. Peut-être même allez-vous percevoir les énergies qui circulent depuis la terre. Restez ainsi aussi longtemps que vous en avez envie.
- Puis, remerciez la terre. Vous pouvez poser vos mains à plat sur elle et imaginer lui envoyer des flots de gratitude et d'amour, ou pourquoi pas de protection, de guérison.

Mon rituel pour semer les graines de mes rêves

Matériel nécessaire :

- Une bougie et des allumettes ;
- Votre carnet et un stylo ;
- Des graines de fleurs, plantes, des noyaux de fruits, ou encore du papier ensemencé (*Growing Paper) ;
- Un espace naturel ou un petit pot rempli de terre.

1- Ouvrez votre espace sacré (voir page 14) et allumez votre bougie en posant l'intention de vous connecter à votre vision, vos rêves, pour les semer et les voir se concrétiser dans la matière.

2- Installez-vous assise, le dos bien droit, en rentrant légèrement le menton pour ne pas casser la nuque.

3- Prenez le temps de vous recentrer.

4- Lorsque vous vous sentez bien, je vous invite à vous connecter à votre grande vision. Pour ce faire, imaginez qu'aucune conséquence négative ne soit possible. À quoi ressemble votre vie quand l'argent et l'avis des autres ne sont pas des freins ? Où vivez-vous ? Entourée de quelles personnes ? Comment vous sentez-vous ? Que faites-vous ? Il s'agit de votre vision. Elle est votre médecine, c'est la terre qui parle à travers vous.

5- Lorsque vous vous sentez bien connectée à votre vision, ouvrez les yeux et prenez dans vos mains une graine. Elle représente votre engagement envers votre vision, c'est votre contribution au monde. Vous vous apprêtez à la planter dans ce terreau fertile. Vous vous engagez à arroser ce rêve, le nourrir, l'honorer. Placez la graine au creux de vos mains, et soufflez-y votre vision.

6- Placez votre graine dans la terre, et recouvrez-la, en conscience. Elle est comme un bébé dont on s'engage à prendre soin, jour après jour. Vous êtes gardienne de votre vision. Pour vous. Pour le monde.

7- Prenez votre carnet et notez-y tout ce qui est venu à vous. Est-ce une vision qui vous est familière ? Avez-vous reçu des informations nouvelles pour vous ? Comment vous sentez-vous maintenant que vous avez planté la graine ? Que pouvez-vous faire aujourd'hui pour honorer votre vision ? Lorsque vous vous sentez prête, je vous invite à fermer votre espace sacré.

Et maintenant ?

Ces quatre semaines nous ont permis de nous reconnecter à notre corps de femme jusque dans la dimension sacrée que nous incarnons. Chacune de nous est un canal absolument unique et sacré pour l'énergie universelle qui passe à travers nous. C'est avant tout cette prise de conscience qui va nous permettre de nous sentir de plus en plus solides à l'intérieur. Nous pourrons ancrer profondément nos racines pour grandir, incarner notre vision et prendre notre place, en toute légitimité, jusque dans l'espace public.

Et maintenant ?

DONNEZ ET RECEVEZ EN ÉQUILIBRE

Parmi les énergies qui nous permettent de donner et recevoir en équilibre, il y a l'argent. L'argent ne ment pas, il révèle dans la matière là où va notre énergie.

L'argent, une énergie puissante

Beaucoup d'entre nous ont intégré que l'argent est sale, honteux – un peu comme la sexualité, finalement ! Si je vous dis femme et argent, quels sont les premiers mots qui vous viennent à l'esprit ? Pourtant, c'est une énergie comme une autre, elle n'est ni bien ni mal en soi, c'est la manière dont on l'utilise qui importe.

Il m'est apparu évident d'évoquer l'argent. S'autoriser à recevoir l'abondance et la richesse financière n'est ni sale ni honteux. C'est nécessaire parce que notre indépendance et notre souveraineté financière garantissent notre sécurité matérielle. Également, ça nous permet de consacrer notre énergie là où ça compte pour nous, sans compromis. L'argent est entre les mains de quelques élites, majoritairement masculines, blanches, hétérosexuelles, qui le fait circuler là où se trouvent leurs intérêts… qui sont loin d'être les nôtres ! Imaginez un peu à quoi ressemblerait le monde si davantage de femmes, racisées, personnes non-binaires, âgées… possédaient davantage de richesses ?

À SAVOIR

L'argent est une énergie que les femmes peuvent utiliser depuis seulement quelques décennies, en toute indépendance, sans l'aval d'une figure d'autorité masculine (père, mari…). C'est la loi du 3 juillet 1965 qui nous a autorisées à ouvrir un compte bancaire en notre nom et à travailler sans le consentement de notre mari – presque soixante ans !

L'INVITÉ du jour

Le masculin sacré

Le nouveau paradigme qui émerge nous invite à considérer les principes féminin et masculin en chacun de nous, indépendamment du genre ; c'est en ça que nous pouvons parler de masculin et de féminin sacré : il se retrouve dans tout le vivant.

Le masculin au niveau symbolique et spirituel s'appuie sur quatre archétypes principaux qui vivent en chacun de nous avec leur part d'ombre et de lumière due à la dualité concomitante à l'incarnation.

- Le souverain incarné est clair avec qui il est, donne une direction à ses actions, c'est un leader humble, il vit avec intégrité. Le roi sombre lutte pour le pouvoir, demande de l'attention, refuse sa responsabilité, juge les autres.
- Le guerrier incarné est engagé et relâché, mature émotionnellement, discipliné et loyal, conscient et équilibré. Le guerrier sombre est *insécure* et arrogant, distrait et indécis, détaché émotionnellement.
- L'amant incarné est connecté au vivant, au contact de ses ressentis, empathique, sensuel et équilibré dans ses passions. L'amant sombre est autodestructeur, déconnecté de lui-même, perché, addict et possessif.
- Le magicien incarné partage sa sagesse, est réflexif dans son introspection, a une imagination active, est un mentor. Le magicien sombre est un manipulateur, fuit la réalité, est assoiffé de pouvoir, est déconnecté de la nature, contrôle les autres.

Le travail sur le masculin sacré aura pour but de révéler les ombres de ses archétypes pour les traverser et s'en libérer afin d'être un adulte mature.

Louis Coret,
facilitateur chamanique et du masculin sacré
chamanessence.com

Et maintenant ?

MON RITUEL DE FERMETURE

Vous avez navigué pendant quatre semaines, vous avez exploré votre corps sous une vision nouvelle et l'avez appréhendé comme la source de la connexion à votre énergie féminine, à votre dimension sacrée.

Je vous invite à reprendre les toutes premières pages d'écriture sur lesquelles vous aviez noté le rapport que vous entreteniez avec votre corps avant de lire ce livre (page 15).

- Votre regard s'est-il transformé ?
- Y a-t-il des pistes que vous avez particulièrement envie d'explorer plus en profondeur ? Lesquelles ?
- Avez-vous envie, aujourd'hui, de poser une intention ?

Bien entendu, ce sont de petites graines déposées ici et là. Elles auront besoin de temps, d'attention, d'être nourries pour éclore. Rappelons-nous d'être indulgentes envers nous-mêmes.

Clôturons l'espace

Je vous propose de fermer, symboliquement et énergétiquement, l'espace.

Vous pouvez exprimer votre gratitude pour ce que vous avez appris, reçu, intégré pendant ces quelques semaines par exemple. Vous pouvez défaire votre autel, ou bien le garder et le transformer au rythme des saisons, de la lune, de ce qui résonne pour vous.

Si vous avez utilisé des éléments de la nature, vous pouvez aller les rendre à la terre, à l'océan, ou à la rivière, en offrande, avec l'intention d'offrir ce qui ne vous sert plus.

Et maintenant ?

RACONTEZ VOTRE HISTOIRE

Danser pour se sentir vivant

Oser. Dépasser la peur du jugement, qui est plutôt le signe de nos blocages internes que le véritable regard de l'autre.

Aller au-delà de notre simple reflet du studio de danse.
Se libérer des diktats assimilés souvent très jeune...

La force de cette pratique ancestrale réside dans cette vulnérabilité puissante. On s'abandonne à soi-même... Suspendu dans la magie de l'instant, notre corps nous permet d'exprimer nos sentiments profonds. Il dépose son ressenti dans la matière, permettant à l'énergie de circuler. Certains schémas ou émotions se débloquent, nous allégeant d'énergies qui nous empêchaient d'avancer.

La danse nous permet de nous reconnecter à nous (et aux autres selon le contexte !) .

Faire le vide et créer, se réaligner. Récupérer des morceaux de soi que l'on avait négligés ou oubliés dans une relation ancienne et se connecter à sa joie !

Elle permet de se réapproprier notre espace sacré, ce corps physique, psychique, émotionnel et énergétique.

En pratique :

- Mets une musique qui t'inspire, éteins la lumière et ferme les yeux. Connecte-toi à ta respiration et laisse ton corps bouger. Fais-toi confiance, ton corps sait.
- Lâche le mental et laisse-toi emporter par le mouvement, par la musique !
- Découvre une nouvelle danse grâce à un cours près de chez toi ou en ligne ! Laisse-toi inspirer !
- En soirée avec des amis, laisse-toi guider par la joie et la musique !

Marjolaine Martin-Lagardette
www.lagardiennesauvage.com

LES INVITÉES *du jour*

Chanter pour être trait d'union entre la terre et le ciel

Les pieds bien ancrés dans le sol, la tête haute et le regard loin devant, la chanteuse est un trait d'union entre la terre et le ciel. Puisant dans la coupe sacrée de son bassin, à partir de son vécu même le plus sombre, elle produit une alchimie créatrice d'énergie, rythme et liberté.

La chanteuse utilise tous les aspects de l'humain : le physique, le sensible, l'intellectuel et le spirituel. Sa respiration, longue, unit tous les étages du corps. Puisant en sa source au niveau du périnée et des ovaires, elle remonte jusqu'en haut du corps, au niveau de la gorge, de la tête, du sommet du crâne, selon la hauteur des sons.

L'énergie puissante et souple s'appuie sur la force des orteils se prolongeant en racines dans le sol. Cette énergie se concrétise plus encore dans le bassin, par le soutien du périnée, du coccyx et de toute la sangle dorsale.

Puis elle remonte et rencontre les cordes vocales, devient vibration multiple (jusqu'à 2 000 vibrations par seconde !), transmutée en sons au niveau de la bouche et de tous les résonateurs. La chanteuse devient musique tout entière, instrument vibrant de tout son corps.

Pas moins de 196 muscles sont mobilisés pour chanter. Tout ceci au service de l'expression combinée de la puissance des mots et de la richesse de la musique. Après une heure de chant, on se sent nettoyé et tout redynamisé, même si le corps est parfois fatigué. Pourquoi ? Parce que le chant produit des endorphines, parce que le corps est tout oxygéné et que l'on exprime ce que l'on est au plus profond de soi.

Chanter, c'est gagner sa liberté.

Évelyne Lagardette
avantlaurore.com

À propos de l'autrice

Retrouvez Mélissandre Lemonnier

+ sur sa page Patreon www.patreon.com/melissandrelemonnier

+ et découvrez son podcast Les Guérisseuses sur Ausha et toutes les plateformes d'écoute.

Remerciements

Ce livre est le premier que j'écris depuis que je suis devenue maman. Merci à toi, Leo, de m'avoir amenée à cette transformation, aussi puissante, renversante et vulnérable soit-elle.

Merci à mon chéri, pour ton soutien et ta présence inconditionnels, pour me donner l'espace d'écrire et de créer.

Merci à Emmanuelle, Anne-Claire et Olivia, qui ont toutes contribué à ce que ce projet existe. Merci à Lucie pour l'avoir porté jusqu'à sa concrétisation dans la matière ; et à Emily, pour tout ton travail à mes côtés, pour cette belle invitation à honorer le corps et pour ton soutien sans faille pour honorer mon message. Et merci à Julie pour ces sublimes illustrations et son engagement à honorer la diversité de nos corps dans leur vérité.

Merci à toi Marine, pour le cadeau inestimable de ton écoute et ta présence bienveillante à mes côtés dans ce tsunami qu'est ma Matrescence. Pour me permettre de me sentir vue, entendue, et en sécurité.

Achevé d'imprimer par MACROLIBROS pour le compte des Éditions Marabout (Hachette Livre) 58, rue Jean-Bleuzen, 92178 Vanves Cedex

Dépôt légal : août 2021

ISBN : 978-2-501-15402-4

5680691

Données télétransmises à l'Assurance Maladie

Vaccination contre la Covid-19

Exemplaire à conserver par le patient (à apporter lors de chaque vaccination)

Patient(e)

Numéro d'immatriculation : 2830814047079 / 11
Nom : LE BOUDER
Prénom : CLAIRE
Date de naissance : 28/08/1983

Code du patient * : VEL-BQW-WPE
**Vous devez présenter ce code lors de chaque vaccination*

Le patient éligible, ou son représentant légal, a accepté d'entrer dans le processus de vaccination après avoir reçu toutes les informations nécessaires à son choix éclairé.

Informations de l'ordonnance

Prescripteur :

Nom : MOREAU
Prénom : CLARA
N° RPPS/ADELI : 10101813409
N° AM/FINESS : 140009358

Date de l'ordonnance : 05/11/2021
Vaccin(s) non préconisé(s) :

Eligibilité à la vaccination

Déclare l'éligibilité :

Nom : MOREAU
Prénom : CLARA
N° RPPS/ADELI : 10101813409
N° AM/FINESS : 140009358

Date d'éligibilité : 05/11/2021

Informations de la vaccination

Je, soussigné(e), certifie avoir examiné : LE BOUDER CLAIRE

avoir transmis à mon patient toutes les informations liées à la vaccination pour la COVID-19,

l'avoir vacciné pour : première vaccination avec le vaccin : Moderna

issu du lot : 3006328

Le vaccin a été administré par : Injection intramusculaire dans le/la : Bras gauche

Je l'ai informé que sa prochaine injection devrait avoir lieu à partir du : 26/11/2021

Identification du vaccinateur (nom et prénom)
MOREAU CLARA
Identifiant : 10101813409

Date : 05/11/2021

Signature :

Vous pouvez déclarer vos éventuels effets indésirables sur le portail https://signalement.social-sante.gouv.fr

L'organisation, la traçabilité et le suivi de la vaccination contre la Covid-19 nécessitent la mise en œuvre d'un traitement de données dénommé « SI Vaccin Covid » par l'Assurance Maladie et la Direction Générale de la Santé. Conformément aux dispositions relatives à la protection des données personnelles, vous disposez d'un droit d'accès, de rectification et de limitation aux données qui vous concernent, ainsi que d'un droit d'opposition sur une partie du traitement. Ces droits s'exercent auprès du Directeur de votre caisse d'Assurance Maladie de rattachement en contactant le ou la délégué(e) à la protection des données. Pour en savoir plus sur le traitement de vos données, rendez-vous sur https://www.ameli.fr/mention-information-si-vaccin-covid

Pour plus d'informations sur la vaccination : www.ameli.fr